Don Bosco

Hans und Marina Seidl

# Momente der Achtsamkeit

## 55 Meditationsübungen für Jugendliche

Don Bosco

Bibliografische Information Der Deutschen Nationalbibliothek

Die Deutsche Nationalbibliothek verzeichnet diese Publikation in der Deutschen Nationalbibliografie; detaillierte bibliografische Daten sind im Internet über http://dnb.d-nb.de abrufbar.

verlags
gruppe
engagement

ISBN-13 978-3-7698-1582-5
ISBN-10 3-7698-1582-3
1. Auflage 2006

Umschlag: Marion Wehrmann nach einem Entwurf von Michael Brandel
Foto Umschlag: Getty Images
Fotos innen: Benedikt Seidl, S. 65: MEV
Lektorat: Unger-Kunz, Lektorat & Redaktionsbüro, Undorf
Satz: Don Bosco Druck & Design, Ensdorf
Druck: PBTisk, Příbram, Tschechien

# Inhalt

# Vorwort

Als Schulseelsorger an einem Gymnasium habe ich vor etwa acht Jahren damit begonnen, mit den Schülerinnen und Schülern einmal in der Woche einen Einstieg in den Tag zu gestalten. Die Bedingungen, die in einer großen Schule kurz vor Schulbeginn herrschen, sind dafür jedoch denkbar ungünstig: Es besteht große Hektik, es gibt noch viele Dinge zu erledigen, vor allem aber ist die Zeit zwischen der Ankunft der Schulbusse und dem Beginn des Unterrichts sehr knapp. Letztlich bleiben etwa 10 Minuten. Nach einigen Versuchen fand sich aber eine Form, die diesen speziellen Bedingungen gerecht werden konnte. Bei den Schülern bürgerte sich für diesen Moment der Stille in der Betriebsamkeit der Schule – entsprechend der Anfangszeit – schon bald die Bezeichnung „10 vor halb“ ein. Unter diesem Titel werden die Übungen zur Achtsamkeit in unserer Schule bis heute durchgeführt.

Die Ideen zu den „Momenten der Achtsamkeit“ ergeben sich spontan, manchmal durch einen Begriff, der einem auffällt, ein anderes Mal durch einen Gegenstand, auf den zufällig der Blick fällt. Die besten Anregungen für diese Übungen liefert jedoch meine Frau, die auch dann, wenn mir schon lange nichts mehr einfällt, noch gute Vorschläge beisteuert. Deshalb war es nahe liegend, die vorliegende Sammlung mit ihr gemeinsam auszuarbeiten.

Die hier versammelten Übungen zur Achtsamkeit haben die Aufgabe, den Blick der Jugendlichen zu schärfen, um hinter den Dingen und Begriffen des Alltags eine tiefere Wirklichkeit zu entdecken. Diese Vertiefung führt auch – einmal mehr, einmal weniger deutlich ausgesprochen – zu einer religiösen Dimension. Dabei geht die Richtung stets von außen nach innen, von der Oberfläche in die Tiefe. Ein Gegenstand oder Begriff, der aufgrund seiner Alltäglichkeit, seiner Selbstverständlichkeit, von sich aus eigentlich nicht zu einer näheren Betrachtung einlädt, wird hier zum Mittelpunkt der Übung und soll den Blick in die Tiefe schärfen.

Wir wünschen uns, dass durch die vorliegenden Meditationsübungen die Achtsamkeit für zunächst unscheinbare Dinge und Worte bei jungen Menschen wieder mehr Gewicht bekommt; zugleich würden wir uns freuen, wenn die dabei gefundene, neue Haltung dem Schlichten und Unauffälligen gegenüber auch in anderen Bereichen wieder mehr Aufmerksamkeit findet.

*Hans und Marina Seidl*

# Zur Einführung

Die hier vorgestellten Meditationsübungen beinhalten allesamt eine ähnliche Struktur, die zu einer „Schule der Achtsamkeit" weiterentwickelt werden könnte. Dabei wird der jeweilige Gegenstand bzw. Begriff von verschiedenen Seiten und auf unterschiedlichen Ebenen betrachtet. Dazu gehört zunächst das rein Faktische, d. h. Daten, Erklärungen, Zusammenhänge oder Wortbedeutungen. Als Erstes nähert man sich dem gewählten Objekt oder Wort also gegenständlich und direkt, mit den Möglichkeiten der Sinne und des Wissens.

Von dort aus gelangt man dann während der Übungen zu einer tiefer liegenden, hintergründigen Ebene der Objekte und Begriffe, die sich unserem Verstand und den Sinnen nicht ohne Weiteres erschließt. Manchmal entdecken wir dabei tiefer liegende Bedeutungsschichten, die schon sehr alt sind, manchmal erhalten diese Begriffe oder Gegenstände durch die Meditationsübungen erst eine neue, hintergründige Bedeutung. Diese neue Bedeutungsebene kann dann bei einer späteren, zufälligen Begegnung mit dem in der Meditation betrachteten Gegenstand oder Begriff wieder wachgerufen werden.

In unserer Zeit, die von großer Schnelligkeit geprägt ist und nur wenige Möglichkeiten zum zweckfreien Innehalten bietet, in der man bei Fernsehbeiträgen mit einer Schnittfrequenz von mehr als drei Sekunden Gefahr läuft, den Zuschauer zu verlieren – in einer solchen Zeit ist es notwendig, wenigstens für einige kleine Augenblicke aus diesem rasenden Karussell unseres Lebensalltags aussteigen zu können.

Zwar ist es richtig: Eine zweckgerichtete Betrachtungsweise lässt uns die Dinge und Worte, die in unserem Leben wichtig sind, vielfach besser nutzen. Das ist für viele Bereiche notwendig und stellt auch die dafür angemessene Betrachtungsweise dar. Nützlichkeit ist also nicht per se etwas Abzulehnendes. Wir neigen aber heute dazu, diese Denkweise als die ausnahmslos gültige zu betrachten. Mehr und mehr werden existenzielle Fragen wie Krankheit, Schuld, Tod oder die Bewertung der Beziehungen, in denen wir leben, in rein zweckgerichtete Kategorien eingeordnet. Nützlichkeit und Kosten-Nutzen-Analysen ersetzen immer stärker Werte wie Verantwortlichkeit und Selbstverpflichtung.

Dinge und Worte besitzen aber nun nicht nur eine Oberfläche, sondern auch einen Kern. Weil uns unsere Art des Lebens, Lernens und Arbeitens kaum Zeit zum Innehalten lässt, bleibt der Blick des Betrachters häufig an der Oberfläche stehen ohne erfasst zu haben, worum es wirklich geht. Unsere Aufmerksamkeit lässt sich gefangen nehmen von dem, was eine Mehrheit aufgrund des materiellen Wertes oder optischer Qualitäten für wichtig hält. Was dagegen als billig, wertlos oder unnütz definiert wird, fällt durch das Raster unserer Betrachtung, ohne dass der eigentliche Wert, der Kern oder der Sinn dieser Dinge erfasst worden wäre.

Die vorliegenden 55 Übungen wollen dagegen versuchen, Alltagsgegenständen, die nicht schon durch ihr Äußeres ins Auge stechen, und alltäglich gebrauchten Begriffen eine neue Geltung zu verschaffen, und zwar durch die Anerkennung und Wertschätzung, die nur eine behutsame Betrachtung ermöglicht.
In einfachen Dingen das Wesentliche suchen, von der äußeren Hülle zu einer tiefer liegenden Wirklichkeit vordringen, in einem Mauerblümchen dessen tiefe Schönheit entdecken – eine solche Betrachtungsweise könnte dazu führen, unsere Sehgewohnheiten zu verändern und letztlich nicht nur mit Worten und Gegenständen, sondern mit allem, was uns umgibt, achtsam umzugehen.

## Tipps für die Praxis

Die folgenden Übungen sind so konzipiert, dass sie ohne großen Aufwand durchgeführt werden können. Sowohl der inhaltliche Ablauf wie auch das dazu notwendige Material werden jeweils einleitend genau beschrieben. Auf einige Punkte möchten wir jedoch vorneweg hinweisen:

Wenn es nicht bei einem netten Impuls bleiben soll, dann ist bei den folgenden Meditationen die existenzielle Auseinandersetzung der Übenden mit dem gewählten Gegenstand oder Begriff sowie mit sich selbst notwendig. Die Übungen verstehen sich jedoch nur als ein Angebot zur persönlichen Weiterentwicklung – eine Zielsetzung, die wohl kaum von außen eingefordert werden kann oder sollte.

Zwar zielen die folgenden Meditationsübungen auf ein „Hinter-die-Dinge-Sehen“. Das sollte jedoch keineswegs dazu führen, dass der Gegenstand oder Begriff selbst, der im Mittelpunkt der Meditation steht, als untergeordnet oder unwichtig betrachtet wird. Im Meditationsobjekt verschmelzen vielmehr Äußeres und Inneres, Vordergründiges und Hintergründiges, Oberfläche und Tiefe zu einem einheitlichen Ganzen.
Die Übungen benötigen ein gewisses Maß an Ruhe. Es ist günstig, wenn die Teilnehmer bereits beim Betreten des Raumes mit ruhiger Musik empfangen

werden. Die Gestaltung des Raumes, in dem die Meditation stattfindet, sollte nicht allzu sehr ablenken. Der Meditationsgegenstand wird jeweils in der Mitte des Raumes platziert. Bei manchen Übungen kann es günstiger sein, den Gegenstand erst während der Übung in die Mitte zu stellen. In jedem Fall sollte er für alle Teilnehmer gut sichtbar sein.

Die Übungen lassen sich auch zum Einstieg in ein Thema verwenden. Die Meditationsteilnehmer werden angeleitet, sich dem Gegenstand oder Begriff in aller Ruhe von verschiedenen, vielleicht auch ungewohnten Seiten zu nähern und können so die Bereiche ihrer Kreativität erweitern.

Wie eingangs erwähnt, wurden diese Meditationsübungen ursprünglich für die Arbeit mit Schülern eines Gymnasiums konzipiert. Man kann sie aber auch sehr gut als Kreativpausen bei Orientierungstagen oder Seminaren einsetzen; hier kann der behutsame „Blick der Achtsamkeit“ den Teilnehmern nach intensiven Arbeitsphasen wieder zu neuer Konzentration verhelfen. Die Meditationen wurden zudem mit Mitarbeitern und Kollegen erprobt.

Des Weiteren laden die Übungen auch zur Weiterverwendung in anderen Zusammenhängen ein: So wurden einige der folgenden Betrachtungen auch schon zum Bestandteil von Gottesdiensten oder Andachten.

Zwar ist es möglich, die Texte so vorzulesen, wie sie abgedruckt sind. Häufig wird es aber sinnvoll sein, sie der jeweiligen Zielgruppe anzupassen bzw. zu erweitern. Ein Stichwortverzeichnis hilft eine jeweils geeignete Übung zu finden.

Die meisten der beschriebenen Gegenstände lassen sich leicht beschaffen. Wo dies nicht der Fall ist, geben wir entsprechende Tipps. Und gelingt es wirklich einmal nicht, eines der Meditationsobjekte zu organisieren, dann kann auch auf ein Dia, eine Folie oder ein Bild zurückgegriffen werden.

Die Teilnehmer sollten nach Möglichkeit zu jeder Übung einen Erinnerungsgegenstand erhalten. Unserer Erfahrung nach wird dieses Geschenk auch nach längerer Zeit noch aufbewahrt. Es kann dabei helfen, sich an die Meditationsübung zu erinnern und die Achtsamkeit wach zu halten.

Die Übungen verstehen sich als Anleitung zum weiteren, selbstständigen Entdecken. Die Möglichkeiten für diese Meditationsübung sind also keineswegs auf die vorliegende Sammlung begrenzt; jeder kann in seiner eigenen Umgebung für sich die Tiefe des Alltags erkennen.

# Meditationsübungen von A bis Z

# Abbild

**Thema**
- Schöpfung, Wert menschlichen Lebens, Menschenwürde,
- Gesicht, Mensch als Abbild Gottes, Gen 1,27, Fotografie

**Material**
Zur Durchführung:
- Fotos von verschiedenen Menschen
- Film-Negative
- Kamera
- Foto-Utensilien

Für die Teilnehmer:
- Film-Negativstreifen; Kärtchen, die mit einem Rechteck aus Alufolie beklebt werden, das einen Spiegel darstellen soll; darunter wird Gen 1,27 zitiert.

Ich habe einige Fotos mitgebracht. Auf den Fotos sind Gesichter zu sehen, die verschiedene Gefühlsregungen zeigen. Diese Gesichter üben eine interessante Wirkung auf uns aus. Manche erzeugen das Gefühl der Sympathie. Wir haben schon viele solche Bilder gesehen, in Zeitschriften, vielleicht in Ausstellungen. Die meisten Menschen haben sogar schon selbst solche Porträts angefertigt – nicht erst seit dem Zeitalter der Digitalfotografie ist das kein Problem mehr. Wer viel fotografiert, interessiert sich vielleicht auch dafür, wie das Ganze funktioniert.

Mit der Kamera kann man das Bild eines Menschen einfangen. Das Abbild des Gesichts fällt durch das Objektiv und – wenn es sich um eine „analoge" Kamera handelt – auf den Film, der sich in der Kamera befindet. Eine spezielle Emulsion auf dem Film bewirkt, dass das Bild des Gesichts sich in den Film einprägt. Durch die Entwicklung des Films im Labor wird diese Spur sichtbar gemacht. Im Prinzip funktioniert die Digitalfotografie genauso, nur dass statt des Films ein Sensor das Bild festhält und die Lichtwellen weiterbearbeitet. Wie auch immer es erstellt wurde, das Bild, das wir dann erhalten, erinnert uns an die Person, die wir fotografiert haben. Es zeigt uns nicht alles von ihr, aber doch etwas. Gerade Porträts, Aufnahmen von Gesichtern, sind etwas

Faszinierendes. Jedes Gesicht hat etwas Einmaliges: die Augen, die Farbe der Haut, die Stirn, die einzelnen Falten und Fältchen …

Vor sehr langer Zeit haben sich einige Menschen Gedanken über Gott und die Welt gemacht. Sie wollten dabei auch etwas über das Zusammenleben der Menschen aufschreiben. Sie wollten davon erzählen, wie man mit den Menschen umgehen soll, dass jeder den anderen Menschen gut behandeln und ihn als etwas Besonderes ansehen soll. Ich glaube, sie müssen lange an der Formulierung gefeilt haben, die uns bis auf den heutigen Tag überliefert ist.

Sie lautet so:
„Gott schuf den Menschen als sein Abbild, als Abbild Gottes schuf er ihn“. (Gen 1,27)

Der Mensch – ein Abbild. Gott hinterlässt Spuren in jedem Menschen. Wenn wir in das Gesicht eines Menschen blicken, sehen wir ein Bild Gottes, ein Foto von Gott. Jede und jeder von uns trägt diese göttliche Spur in sich.

Denken wir heute daran, wenn wir in die Gesichter der anderen schauen, dass wir einander unendlich wertvoll sein sollen, weil wir Abbilder Gottes sind.

## Absperrband

**Thema**
- Grenzen
- Grenzüberschreitungen
- Konflikte
- Zivilcourage
- Mut
- Gewalt

**Material**
Zur Durchführung:
- rot-weißes Absperrband (im Baumarkt oder Baugeschäft erhältlich);
- man kann das Band auch im Raum direkt als Absperrung spannen

Für die Teilnehmer:
- Stücke des Absperrbandes

Gestern fiel mir eine Baustelle auf, die mit rot-weißem Absperrband abgesichert war. Das rot-weiße Band zog meinen Blick richtiggehend an. Mit solch einem Band werden Baustellen abgesichert, vor allem dann, wenn von ihnen Gefahr ausgehen könnte. Manchmal soll mit Absperrband auch eine bestimmte Stelle oder eine empfindliche Anlage geschützt werden.

Wenn an irgendeinem Platz ein Loch gebaggert und anschließend entsprechend gesichert wird, dann dauert es nicht lange, bis einige ältere Herren an diesem wichtigen Ereignis Anteil nehmen. Das rot-weiße Band zieht sie magisch an. Sie stehen an der Baustelle, sehen hinunter, diskutieren, fachsimpeln, äußern Verbesserungsvorschläge und machen sich Sorgen über die entstehenden Kosten. Meistens wird die Absperrung respektiert: Eine Grenze, die nicht überschritten werden darf, weil sonst Gefahr droht.

Auch im Zusammenleben der Menschen gibt es Grenzen, die eingehalten werden müssen, weil sonst Gefahr droht. Viele unserer Gesetze funktionieren auf diese Art und Weise. So ist es nicht erlaubt, andere zu verletzen, weil dadurch letzten Endes das Zusammenleben unserer Gesellschaft auf dem Spiel stünde und die Menschen in Angst und Schrecken leben müssten. Das

Verbot der Körperverletzung stellt die Absperrung dar, wer sie übertritt, findet sich vor Gericht wieder.

Genauso gibt es Grenzen in der Schule oder am Arbeitsplatz; leider sind sie nicht immer so gut zu sehen wie dieses Band. Wer aufmerksam ist, kann diese Grenze jedoch spüren. Zum Beispiel die Grenze davor, auf jemanden einzutreten, der bereits am Boden liegt. Für manche Menschen ist das gar keine richtige Grenze mehr. Oder die Grenze davor, jemanden fertig zu machen, weil es gerade eine günstige Gelegenheit dazu gibt. Oder jemanden lächerlich zu machen, weil er vielleicht anders ist. Jemanden zum Opfer auszuwählen und bei jeder erdenklichen Gelegenheit auf ihm herumzuhacken. Wer aufmerksam ist, wird auch am heutigen Tag viele solcher Grenzen entdecken können.

Ich gebe euch als kleine Merkhilfe ein Stück von diesem Band mit. Ich möchte es mit zwei Aufforderungen verbinden: Beachtet Grenzen, obwohl ihr vielleicht gar nicht immer dazu gezwungen seid! Seid selbst Grenze für andere, die nicht wahrnehmen, wo die Absperrung beginnt!

# Adler

**Thema**
- Orientierung
- Orientierungslosigkeit
- den eigenen Standpunkt finden
- den Boden unter den Füßen verlieren
- Krise

**Material**
Zur Durchführung:
- Bild eines Adlers

Für die Teilnehmer:
- Federn

Habt ihr schon mal davon gehört, wie junge Adler fliegen lernen? Ein höchst interessanter Vorgang. Das Adlernest befindet sich ja meistens an einer steilen Felswand, sodass es nur im Flug erreicht werden kann, um die Jungen vor eventuellen Gefahren zu schützen. Wenn die jungen Adlerküken heranwachsen, brauchen sie natürlich immer mehr Platz. Eines Tages kommt dann der Zeitpunkt, an dem die Adlereltern zu dem Entschluss gelangen, dass die Jungen das Fliegen lernen und sich selbst ein eigenes Revier suchen sollten. Der alte Adler packt das Jungtier und wirft es kurzerhand aus dem Nest. Der junge Adler fällt in die Tiefe, er kann ja noch nicht fliegen, taumelnd, die Flügel bewegend, aber zum Fliegen will es einfach noch nicht reichen. In der Zwischenzeit zieht der alte Adler hoch oben in aller Ruhe seine Kreise. Das Jungtier nähert sich, der Schwerkraft gehorchend, immer mehr der Erde, die Gefahr wächst. Im letzten Moment aber verlässt das Elterntier seine ruhige Bahn, schießt wie ein Pfeil nach unten, packt den stürzenden kleinen Adler und trägt ihn mit sich nach oben – um ihn in genügend großer Höhe erneut fallen zu lassen …

Solche Situationen erleben wir oft selber: Wir glauben zu stürzen, ohne fliegen zu können. Wir geraten manchmal in höchst schwierige Situationen und hoffen, dass dieser Albtraum endlich aufhören möge. Aber jede Krise, jede schwierige Situation, durch die wir hindurchgehen oder manchmal auch

-fallen, lässt uns als veränderte Menschen daraus hervorgehen. Es gibt viele Menschen, die nach Krisenzeiten in ihrer Persönlichkeit gereift sind.

Das soll jetzt nicht heißen, dass wir eine Krise brauchen, damit etwas aus uns wird. Nein, solche Krisen verursachen ja immer Schmerzen. Vielmehr soll das heißen: Wenn man das Gefühl hat, abzustürzen, dann können wir, wenn wir genau hinsehen, neben all unserer Angst zwei wichtige Entdeckungen machen:

Zum einen haben wir gerade in einer solchen Situation die Möglichkeit, dazuzulernen, auch wenn das nicht immer sofort sichtbar ist und immer die härteste Form des Lernens darstellt. Und die zweite Entdeckung: Wir müssen selbst in den schwersten Momenten unseres Lebens nicht das Gefühl haben, abzustürzen. Wir dürfen darauf vertrauen: Wir werden aufgefangen!

# Akku

**Thema**
- Energie
- Energiequelle
- Umgang mit den eigenen Kräften
- Leere, ausgelaugt sein
- Aufladen, Auftanken

**Material**
Zur Durchführung:
- verschiedene Akkus, Ladegeräte

Für die Teilnehmer:
- Energiedrinks

Der Akku ist eine sehr nützliche Stromquelle. Wir kennen ihn als Energiequelle im Handy, im MP3-Player, in der Taschenlampe, der Kamera, bei elektronischen Spielen und vielem mehr. Akkus besitzen einen unschlagbaren Vorteil gegenüber herkömmlichen Batterien: Sie sind wieder verwendbar und werden nicht nach einmaliger Benutzung zu Müll. Wenn die Energie des Akkus geringer wird, merken wir es dem Gerät, das wir betreiben, meistens bald an. Es wird leiser oder macht auf andere Weise schlapp. Wenn der Akku leer ist (und das passiert fast immer in einem ungünstigen Moment), muss er wieder aufgeladen werden. Also: Akkus herausnehmen und in das Ladegerät. In dieser Zeit kann ich das entsprechende Gerät nicht benutzen. Ob ich will oder nicht, jetzt heißt es erst einmal: Pause machen! Nach dem Ladevorgang kann es wieder losgehen.

Auch ich brauche Energie. Für die Schule, den Beruf, für Freundschaften, für Sport oder Stress, für meinen gesamten Tagesablauf. Habe ich einige Zeit sehr viel Energie verbraucht, spüre ich, wie alles langsamer geht, wie mir langsam die Luft ausgeht – und irgendwann ist der Akku leer. Ich habe kein bisschen Energie mehr, ich fühle mich schlapp, ich kann einfach nicht mehr.

Eigentlich bräuchte ich in solchen Momenten, in denen ich am Ende meiner Kräfte bin, dringend eine Ladestation. Ich könnte mich einfach damit verbinden und fühlen, wie die Energie in mich zurückkehrt. Ich frage mich immer mehr, wo ich eigentlich meinen Akku wieder aufladen kann, wenn ich mich vollständig leer fühle.

Meine Ladestation können Menschen sein, die mir besonders gut tun, mit denen ich gern zusammen bin und die mir durch ihr Zuhören, ihre Zuwendung wieder Kraft geben. Ich muss nichts leisten oder vollbringen, darf einfach nur da sein. Ich kann mir einige Zeit gönnen.

Wenn der Akku aufgeladen wird, dann kann er nicht gleichzeitig im Gerät arbeiten. Das ist für mich ein tröstlicher Gedanke. Es ist in Ordnung, wenn es in meinem Leben Zeitspannen gibt, in denen ich nicht arbeite und Energie abgebe. So wie ein Akku kann ich nur die Energie abgeben, die ich zuvor in mich aufgenommen habe.

Gönnen wir uns immer wieder diese Ladezeiten, damit wir dann wieder mit voller Kraft einsatzbereit sind!

# Antenne

**Thema**
- Sensibilität für andere
- Schutz vor Verletzungen
- Hilfsbereitschaft
- Zuwendung
- Abgrenzung

**Material**
Zur Durchführung:
- eine Antenne (z. B. von einem tragbaren Fernsehgerät)

Für die Teilnehmer:
- kleine Fellstücke

Heute habe ich eine Antenne mitgebracht. Ein ganz interessantes Ding, das viel bewirkt, ohne dass man den Vorgang, der dahintersteckt, sehen könnte. Die Antenne empfängt Radiowellen, die vom Sender ausgehen. Im Studio des Senders sind es Worte oder Bilder, die sich dort real abspielen, in Wellen umgeformt und dann in alle Himmelsrichtungen gesendet werden. Die Antenne kann diese zu Radiowellen umgeformten Bilder und Worte wieder aufnehmen. Manchmal ist der Empfang nicht so gut, und dann rauscht es ein bisschen. Aber je besser die Antenne auf den Sender ausgerichtet ist, desto besser ist auch der Empfang.

Auch wir haben solche „Antennen". Wir können damit Signale, die von anderen Menschen ausgehen, empfangen. Unsere Antennen zeigen uns, wie sensibel wir gegenüber uns selbst und gegenüber anderen sind. Wenn unsere Antennen einen guten Empfang haben, dann werden wir es beispielsweise mitbekommen, wenn uns jemand in unserer Umgebung braucht. Unsere Antennen werden die Signale aus der Umwelt, Signale anderer Menschen aufnehmen. Freundliche Funksignale können dabei sein, humorvolle, aber auch Signale, die wie ein Hilferuf wirken.

Aber wir empfangen mit unseren Antennen ja nicht nur Gutes! Wenn andere über uns lästern, uns verletzen wollen, dann nehmen wir das ebenso wahr.

Manchmal wünschten wir uns dann, wir hätten das gar nicht bemerkt, wir hätten gar keine Antenne. Und manchmal bekommen wir auch den gut gemeinten Rat: „Du musst dir ein dickes Fell zulegen!“.

Dieses dicke Fell ist manchmal ein Schutz; es kann aber auch zur Gefahr werden. Wir könnten abstumpfen, uns in dieses Fell ganz einwickeln, wir könnten zu wenig mitbekommen, unsensibel werden. Das dicke Fell könnte auch dann seine isolierende Wirkung haben, wenn andere uns brauchen.

Immer ist es eine wichtige Entscheidung: Antenne oder dickes Fell? Achten wir am heutigen Tag gut auf uns; treffen wir diese Entscheidung ganz bewusst. Ist die Sensibilität wichtiger oder der Schutz? Antenne oder dickes Fell?

# Apfel

**Thema**
- Geschmack
- Schutz
- innerer Kern
- Identität
- Verlustangst

**Material**

Zur Durchführung:
- Apfel

Für die Teilnehmer:
- Apfelstücke

Es gibt hunderte von Apfelsorten. Auf Streuobstwiesen finden sich oft sehr alte Apfelsorten, die man im Laden gar nicht mehr kaufen kann. Immer mehr Menschen sorgen heutzutage dafür, dass dieser Apfelbestand und die Sortenvielfalt erhalten bleiben. Jede Apfelsorte unterscheidet sich in Farbe und Form, im Geruch, aufgrund ihrer Schale und des Stiels.

Wenn wir uns etwas Zeit nehmen, merken wir, dass der Apfel viele Sinne in uns anspricht. Wir spüren seine Oberfläche, der Geruch des Apfels steigt in unsere Nase, und wenn wir nur daran denken, hineinzubeißen, spüren wir, wie uns sprichwörtlich das Wasser im Mund zusammenläuft.

Beim Aufschneiden des Apfels sehe ich das Kerngehäuse. Wenn die Kerne dunkelbraun sind, ist das ein untrügliches Zeichen dafür, dass der Apfel reif ist. Die Kerne, aus denen ein neuer Apfelbaum wachsen kann, die neues Leben bringen, liegen vor mir. Das Fruchtfleisch des Apfels hat diese Kerne umgeben und geschützt. Wenn der Apfel am Baum bliebe, gäbe es kein neues Leben. Der Apfel aber lässt sich aufessen, damit neues Leben entstehen kann. Dass ich den Apfel aufesse, stört nicht, nur die Kerne sind entscheidend. Das Äußere des Apfels – Aussehen, Farbe, Geruch – lockt an, aber das kleinste und unscheinbarste, die Kerne, sind das Wesentliche.

In jedem Menschen steckt ein Kern, der Lebendiges birgt. Manche Menschen machen es einem nicht leicht, diesen Kern, auf den alles ankommt, zu entdecken. Manche Menschen versuchen, mit einer Fülle an Äußerlichkeiten abzulenken, weil man sie im Lauf ihres Lebens von der Wertlosigkeit ihres Kerns überzeugt hat. Manchmal meinen wir, wenn wir etwas von uns, unserer Lebendigkeit abgeben, preisgeben, geht etwas von uns verloren.
Das Gegenteil aber ist der Fall. Nur dadurch, dass wir andere Menschen an unserem Leben teilhaben lassen, ihnen zeigen, wie wir wirklich sind, stoßen wir zu unserer Mitte, zu unserem Herzen, zu unserem Kern vor.

Überwinden wir unsere Furcht und geben wir etwas von unserem Inneren her. Es wird dadurch nicht weniger, sondern mehr.

# Aufschub

**Thema**
- Talente
- Fähigkeiten
- im Jetzt leben
- carpe diem

**Material**
Zur Durchführung:
- Taschenlampe, die beim Vortrag des unten stehenden Gedichts gezeigt wird

Für die Teilnehmer:
- Kopien des Gedichts

Immer wieder kann man erleben, dass viele Menschen so leben, als wollten sie etwas von ihrem Leben aufsparen, ihre Energie einteilen: „Wenn ich jetzt schon alles verschwende, hab‘ ich dann später noch etwas davon?“ Oder: „Jetzt kann ich das, was ich eigentlich will, noch nicht tun, aber später …“ Manche Menschen leben auf diese Weise nur für die Zukunft: „Später einmal, da …“; und ihr eigentliches Leben schieben sie dabei – ohne es zu merken – ständig vor sich her.

Das Wort „eigentlich“ wird dabei zur Stolperfalle. Es täuscht uns etwas vor, so, als wäre das, was im Augenblick stattfindet, nur eine Vorstufe, eine Art uneigentliches, noch nicht das richtige Leben. Und das richtige Leben, das kommt nach dieser Theorie irgendwann später einmal. Auf jeden Fall später. Das Schlechte daran ist, dass man auf diese Art und Weise sein ganzes Leben verbringen kann und am Ende feststellen könnte, dass man das, was man wollte, nie getan hat; man hat immer nur davon geträumt und geredet, „eigentlich“ gar nicht richtig gelebt. Und das wäre furchtbar.

Damit das nicht passiert, ist es wichtig, seine Talente und Fähigkeiten, die man sich erarbeiten musste oder mitbekommen hat, zu nutzen: Hilfsbereitschaft, Sensibilität, den Blick dafür, was gut und richtig ist, Schlagfertigkeit, Bescheidenheit, Humor, Organisationstalent und vieles andere mehr. Mit diesen Fähigkeiten kann ich verschwenderisch umgehen, ich muss nicht damit sparen. Was später in meinem Leben auf mich zukommt, ist vielleicht wichtig, aber es ist weder möglich noch sinnvoll, von meinen Fähigkeiten etwas für später zurückzuhalten. Ich darf sie jetzt einsetzen und zeigen.

Viele Texte aus sehr unterschiedlichen Epochen befassen sich mit diesem Gedanken, das Leben hier und jetzt zu leben und nicht abzuwarten, bis vielleicht irgendwann der richtige Zeitpunkt für mich gekommen sein könnte.
Ein Gedicht von Erich Fried sagt eindrucksvoll mit einem Wort, was ich mit meinen Möglichkeiten und Fähigkeiten machen soll: leuchten.

**Kleines Beispiel**
Auch ungelebtes Leben
geht zu Ende
zwar vielleicht langsamer
wie eine Batterie
in einer Taschenlampe
die keiner benutzt

Aber das hilft nicht viel:
Wenn man
(sagen wir einmal)
diese Taschenlampe
nach so- und so vielen Jahren
anknipsen will
kommt kein Atemzug Licht mehr heraus
und wenn du sie aufmachst
findest du nur deine Knochen
und falls du Pech hast
auch diese
schon ganz zerfressen

Da hättest du
genauso gut
leuchten können.

*Erich Fried*

# Baustelle

**Thema**
- Veränderungen
- Unzufriedenheit
- Leben als offener Prozess
- Perfektionismus

**Material**
Zur Durchführung:
- Hammer, Kelle, Ziegelstein, Meterstab, Wasserwaage

Für die Teilnehmer:
- verkleinerte Kopien des Filmplakats „Das Leben ist eine Baustelle" (Internet)

Wir sehen Gegenstände, die benötigt werden, um ein Haus zu bauen. So ein Hausbau ist eine anstrengende Angelegenheit. Es beginnt damit, dass eine Baugrube ausgehoben, eine Bodenplatte auf die Fundamente gegossen und der Keller gemauert oder betoniert wird. Die verschiedensten Werkzeuge, auch solche, die man vorher noch nie gesehen hat, kommen dabei zum Einsatz. Mit der Zeit bekommt man von der Arbeit Schwielen an den Händen und mehr Muskeln. Nicht alles läuft glatt, und manchmal müssen Änderungen im Plan vorgenommen werden. Aber irgendwann steht das Haus fertig vor dem Bauherrn, der es durchaus mit gewissem Stolz von allen Seiten betrachtet.

Meist beginnen aber schon einige Jahre nach dem Einzug die ersten Veränderungen und Renovierungen, sodass das eigene Haus oft auch ein unendliches Betätigungsfeld ist.

Ein Film von Wolfgang Becker und Tom Tykwer überträgt dieses Phänomen auf das Leben der Menschen. Er hat den Titel: „Das Leben ist eine Baustelle". Im Film ist zunächst das Leben des Metzgers Jan Nebel so eine Baustelle, auf der alles drunter und drüber geht, und an der vieles Stückwerk bleibt. Dieses Leben verbindet der Film mit den Bildern der Großbaustelle Berlin nach der Wiedervereinigung.

Das Leben ist eine Baustelle – und jeden Tag bauen wir daran. Das Ergebnis ist einmal besser und einmal schlechter. Vielleicht können wir nach einem Jahr behaupten, viel erreicht zu haben. Vielleicht hoffen wir, das Haus in fünf Jahren fertig gestellt zu haben, die Baustelle abschließen zu können.

Ich frage mich, ob das überhaupt möglich ist, diese Baustelle abzuschließen. Wir bauen jeden Tag an der „Baustelle Leben". Vielleicht sind schon einige Zimmer bewohnbar, vielleicht fühlen wir uns schon wohl – aber können wir mit dieser Baustelle wirklich irgendwann einmal fertig sein? Ich denke, es kommt nicht so sehr darauf an, dieses Bauwerk perfekt und endgültig abgeschlossen vor sich zu sehen; es kommt vielmehr darauf an, mit den Bauarbeiten nicht aufzuhören, solange wir leben.

Das Leben ist eine Baustelle. Unsere Aufgabe ist es, immer wieder daran zu arbeiten, manches zu verändern, zu bauen und zu renovieren, also unser Leben anzupassen, auch wenn wir uns dabei vielleicht Schwielen und Muskelkater holen.

# Begrenzungspfosten

**Thema**
- Richtung
- Orientierung
- Sicherheit auf dem eigenen Weg
- Grenzen
- Einschränkungen

**Material**
Zur Durchführung:
- Begrenzungspfosten (im Bauhof auszuleihen)

Für die Teilnehmer:
- Bilder einer Straße mit Begrenzungspfosten

Begrenzungspfosten stehen am Straßenrand und reflektieren das Licht der Autos. Alle 50 Meter ist einer aufgestellt; vorne tragen sie weiße Reflektoren, auf der Rückseite orangefarbene. Auf einer Straße ohne solche Pfosten ist es im Dunkeln ziemlich schwer, die richtige Straßenseite zu befahren und auf der Straße zu bleiben. Es ist wie mit vielen anderen Dingen: Normalerweise bemerke ich die Pfosten gar nicht – erst wenn sie fehlen, fällt mir auf, wie wichtig sie sind. Die Pfosten geben mir Orientierung und bewirken, dass ich auf dem Weg bleibe, auf dem ich meine Fahrt unternehme.

Gibt es eigentlich in meinem Leben auch etwas, das mich auf solche Art und Weise auf der Straße hält? Was verhindert, dass ich ins Schleudern gerate? Was lässt mich meinen Weg finden? Wo finde ich meine „Begrenzungspfosten"?

Meine „Begrenzungspfosten" könnten Freunde sein, die ich nach ihrer Meinung fragen kann, wenn ich nicht weiß, was richtig ist, oder wenn ich mich falsch verhalten habe. Auch meine Familie könnte ein Orientierungspunkt sein, der mich korrigiert, wenn es nötig ist. Vielleicht könnten mir einige Prinzipien helfen, zum Beispiel das Prinzip, Konflikte immer ohne Gewalt zu lösen; die Überzeugung, dass es gut ist, miteinander zu reden; der Grundsatz, dass man keine Ungerechtigkeiten hinnehmen soll, oder der, dass sich Hartnäckigkeit lohnt. Auch der Glaube stellt einen solchen „Begrenzungspfosten" dar: Es gibt jemanden, der mich hält und trägt. Es gibt jemanden, der will, dass es allen Menschen gut geht und alle Menschen auch nach diesem Prinzip handeln.

Diese Dinge und vielleicht noch einige mehr sind meine „Begrenzungspfosten", die mich auf dem Weg halten. Manchmal sind sie mir lästig, und manchmal sind sie nicht auf Anhieb zu erkennen. Aber ich weiß, dass es keine sinnvolle Alternative sein kann, von der Fahrbahn abzukommen.

# Boden

**Thema**
- fester Boden
- schwankender Boden
- den Boden verlieren
- Halt finden
- Sicherheit
- Unsicherheit

**Material**
Zur Durchführung:
- ein Stück Bodenbelag (Kork, Linoleum o.Ä.)

Für die Teilnehmer:
- kleine Stücke dieses Bodenbelags

Es gibt viele Dinge, die sich unserer Wahrnehmung nicht deshalb entziehen, weil sie sehr selten sind, sondern weil sie zu selbstverständlich sind. Das trifft auf das Material zu, auf dem wir stehen oder gehen. Wir bemerken den Boden, wenn er einen sehr auffälligen Belag aufweist oder wenn er beschädigt ist. Aber häufig wird dem Boden wenig Beachtung geschenkt. Wir halten das Mobiliar, das auf diesem Boden steht, meist für interessanter.

Aber der Boden, auf dem wir stehen, trägt uns. Ein fester Boden – egal ob es sich um den Fußboden eines Hauses oder um den Erdboden draußen handelt – gibt Halt. Wenn der Boden unter unseren Schritten nachgibt, wenn der Boden unter uns anfängt sich zu bewegen, dann werden wir unsicher. Sumpfiges Gelände gibt nach, eine schwankende Hängebrücke macht uns Angst.

Es gibt Momente in unserem Leben, da schwankt der Boden unter uns. Es geschieht etwas, womit wir nicht gerechnet haben, ein plötzliches Ereignis erzeugt ein Durcheinander. Wir haben keinen Halt mehr, haben das Gefühl, ins Bodenlose zu stürzen. Alles, was uns bisher Orientierung geben konnte, ist mit einem Schlag zerstört. Wir verlieren den Boden unter den Füßen.

Auf festem Boden zu stehen bedeutet Sicherheit zu haben, meint, keine Angst haben zu müssen. Von einem festen Standpunkt aus kann ich mich orientieren. Ich kann einordnen, was um mich herum vorgeht. Von hier aus kann ich handeln oder eine Richtung einschlagen. Der Boden der Sicherheit kann bestimmt manchmal dazu verleiten, es sich bequem einzurichten, stehen zu bleiben, nicht mehr weiter zu gehen. Trotz dieser Gefahr ist er der einzige Ausgangspunkt für zielgerichtetes Handeln.

Ich wünsche euch, dass ihr heute nichts erlebt, das euch den Boden unter den Füßen wegzieht. Mögen eure Füße an diesem Tag immer festen Grund finden!

## Brille

**Thema**
- Standpunkt
- Sichtweise
- Veränderung
- Perspektive

**Material**
Zur Durchführung:
- verschiedene Brillen

Für die Teilnehmer:
- Kopie einer Brille oder 3D-Brillen aus Pappe

Brillen unterliegen – wie viele andere Dinge auch – dem Trend der Mode. Es gibt ganz verschiedene Brillenformen und -größen, und auch bei den Gläsern gibt es eine Vielzahl an Auswahlmöglichkeiten. Nicht nur unterschiedliche Stärken und Qualitäten sind verfügbar, sondern auch unterschiedliche Farbtönungen, bis hin zu den reinen Sonnenbrillen, die dunkle Gläser aufweisen.

Es gibt aber z. B. auch Brillen mit grünen Gläsern. Wenn man die aufsetzt, sieht zunächst einmal alles grün aus, aber nach kurzer Zeit löst sich beim Tragen der Brille jede Farbwahrnehmung auf, alles wird schwarzweiß. Und wenn ich diese Brille nach einer halbe Stunde abnehme, dann sehe ich die Umgebung rosa eingefärbt. Etwas häufiger anzutreffen sind Brillen mit gelben Gläsern. Die Gelbtönung vermittelt das Gefühl, die Sonne würde scheinen. Alles sieht fröhlicher aus, selbst unsere Stimmung verändert sich, wie an einem Sommertag. Wieder eine andere Brille – ein etwas größeres Modell – wird zum Schweißen benutzt. Unter normalen Bedingungen sieht man mit ihr so gut wie gar nichts, alles ist dunkel, nur extrem helle Stellen sind zu sehen.

Brillen verändern also unsere Sicht. Aber sie verändern eigentlich nicht, was wir sehen, sondern nur, wie wir etwas sehen!

Wenn ich schlechte Laune habe, ist es, als hätte ich eine „dunkle Brille“ auf. Die Bemerkung eines Kollegen – vielleicht lustig gemeint – sieht durch die

„dunkle Brille“ düster und gemein aus und löst Ärger in mir aus. An anderen Tagen bin ich gut gelaunt und sehe das Leben durch die „gelbe Sonnenscheinbrille“. Eine dumme Bemerkung fällt mir gar nicht auf, eine ironische Gemeinheit quittiere ich lächelnd mit einer entwaffnenden Antwort und bemerke mit einem Mal, wie viel Schönes, Gutes und Positives um mich herum existiert.

Wie wir die Wirklichkeit sehen, hängt von uns ab. Wir werden wohl selten oder nie in der Lage sein, sie ganz ohne „Brille“ zu sehen. Die Welt ausschließlich durch die „rosarote Brille“ zu sehen, wird auf Dauer vermutlich keine gute Lösung sein. Aber wer zwingt uns denn eigentlich, die „dunkle Brille“ aufzusetzen? Oder von wem lassen wir uns so eine „Brille“ immer wieder aufsetzen, manchmal schon, bevor der Tag erst richtig angefangen hat?

Es ist unsere Entscheidung, durch welche „Brille“ wir den Tag sehen!

# Danke

**Thema**
- Danken
- Verpflichtung
- Abhängigkeit
- das Positive wahrnehmen

**Material**
Zur Durchführung:
- Schild mit der Aufschrift „Danke“

Für die Teilnehmer:
- Kärtchen (im Visitenkartenformat) mit der Aufschrift „Danke“ oder „Was ich dir schon länger sagen wollte: Danke!“

Mir ist ein kurzes Wort in den Sinn gekommen, ein Wort, das wir alle gut kennen und von Kindesbeinen an lernen mussten. „Wie sagt man …?“, hieß die tausendfache Aufforderung unserer Eltern. Und „Danke“ antworteten wir brav, meistens jedenfalls.

Vielleicht stammt aus dieser Zeit der negative Beigeschmack dieses Wortes. Steht man nicht in der Schuld desjenigen, demgegenüber man das Wort ausspricht, fast so, als wäre man verpflichtet, ihm etwas zurückzugeben? Oder hat das verordnete Aussprechen dazu geführt, dass die Wirkung des Wortes sich in der Oberflächlichkeit verliert?

„Danke!“ Was könnte denn das Wort bewirken? Das Wort „Dank“ ist verwandt mit „denken“. An etwas denken, es in Gedanken halten, es in seinem eigentlichen Wert erkennen und schätzen, das ist die eine Hälfte. Es demjenigen gegenüber auszusprechen, von dem dieses Etwas kommt, ist die andere Hälfte, ist „danken“ im eigentlichen Sinn.

Wofür bin ich eigentlich dankbar? Für vieles, für den Frieden zum Beispiel. Nein, ich halte es nicht für selbstverständlich, dass es in Deutschland seit über 60 Jahren keinen Krieg mehr gibt; weltweit gesehen ist das eher die Ausnahme. Dafür, dass ich jeden Tag etwas zu essen und zu trinken habe, und davon auch noch mehr als genug. Dafür, dass ich Arbeit habe …

„Ich werde daran denken", das heißt danken. Wem könnte ich danken? Vielleicht gibt es ja jemanden, dem ich schon länger für etwas danken wollte. Diesem Menschen könnte ich eines von den „Danke-Kärtchen" geben, die ich mitgebracht habe. Ich glaube, wir sagen uns viel zu selten, dass wir froh darüber sind, Menschen um uns zu haben, die etwas für uns tun und für uns da sind. Und wir können gar nicht glauben, wie gut es tut, ein solches, ganz und gar nicht oberflächlich gemeintes „Danke" zu hören.

# Fenster

**Thema**
- Offenheit
- Schutz
- Nähe
- willkommen sein

**Material**
Zur Durchführung:
- altes Fenster (vom Wertstoffhof oder einer Baustelle)

Für die Teilnehmer:
- Bilder eines Fensters (eventuell auf Folie kopiert)

Ein altes Fenster, das ausgedient hat: Vermutlich wurde es durch ein neues ersetzt, weil es undicht war und den modernen Vorstellungen von Wärmeschutz nicht mehr entsprach. Ich habe es eher zufällig gefunden und weiß selbst nicht, in welchem Haus es ursprünglich eingebaut war. Es wirkt, als würde es aus einem alten Bauernhaus stammen. Die kleinen, einfachen Scheiben, die alten Beschläge und die einzigartig schlichte Bauform zeigen, wie in früheren Zeiten die Fenster gebaut wurden.

Die Erfindung des Fensters mit Glasscheiben dürfte das Leben der Menschen erheblich verbessert haben. Man konnte damit endlich Licht in den Raum bringen, ohne dass er auskühlt. Und wenn doch einmal frische Luft benötigt wird, erlaubt es die Öffnungsvorrichtung ohne großen Aufwand, die Fensterflügel aufzuklappen. Dann strömt frischer Wind ins Zimmer und belebt die Menschen, die sich im Haus befinden. Wenn es auch noch so sinnvoll ist, die verbrauchte Luft durch das Fenster nach außen zu bringen und durch frische Luft zu ersetzen – wir fühlen uns sofort an den täglichen Streit „Fenster auf oder zu“ erinnert.

Zusätzlich ermöglicht das Fenster den Blick nach draußen, ohne irgendetwas am Haus verändern zu müssen. Die Fenster sind die „Augen“ eines Hauses. Das englische Wort „window“ erinnert noch ein bisschen daran, dass die Fenster einmal „Windaugen“ genannt wurden.

Jemand hat einmal gesagt: „Die Augen eines Menschen sind die Fenster zu seiner Seele“. Tatsächlich entsteht ein interessantes Gefühl, wenn wir anderen Menschen in die Augen sehen. Der Blick geht nach innen, lässt Verborgenes an die Oberfläche kommen. Derjenige, dem wir in die Augen sehen, bekommt manchmal das Gefühl, als könnte jemand tief in sein Innerstes hineinsehen. Ein längerer Blick in die Augen ist uns deshalb manchmal auch peinlich, und wir wenden uns ab.

Durch ein Fenster kann ich hinausschauen. Ich kann aber durch dieses Fenster auch nach innen blicken. Vielleicht sehe ich warmes Licht, und das hat besonders in der kalten Jahreszeit große Wirkung, weil es gemütlich wirkt. Vielleicht sehe ich eine Kerze im Fenster. Sie könnte zeigen, dass Menschen willkommen sind. Schön wäre es, wenn wir einfach anklopfen könnten und aufgenommen werden würden.

Machen wir die „Fenster“ unserer Seele weit auf für die Menschen um uns herum. Lassen wir sie zu einer Einladung werden und lassen wir unser Inneres sichtbar werden.

## Fernbedienung

**Thema**
- Verbindung zwischen Menschen
- Lachen
- gute Laune
- Mimik
- Gesicht
- Fremdbestimmung

**Material**
Zur Durchführung:
- Fernbedienung

Für die Teilnehmer:
- Kärtchen mit dem Satz: „Die kürzeste Verbindung zwischen zwei Menschen ist ein Lächeln.“

Fernbedienungen sind aus unserem Leben nicht mehr wegzudenken. Es gibt sie für Fernseher, DVD- und Videorecorder, CD-Player und noch viele andere Geräte mehr. Fast wird die große Zahl der Fernbedienungen schon zu einem Problem. Aber missen möchten wir diese kleinen Kästchen nicht mehr, und deshalb gehört in vielen Familien der Streit um die Fernbedienung zum täglichen Ritual.

Bei einer Infrarotfernbedienung wird ein Lichtstrahl von der Fernbedienung zum Fernsehgerät geschickt, und dieser Lichtstrahl enthält Informationen. Das Gerät kann diese Informationen entschlüsseln und reagiert entsprechend darauf. Das ist ziemlich praktisch, denn hier lässt sich etwas bewegen, ohne dass man sich selbst bewegen muss. Dass man früher für den Programmwechsel aufstehen und zum Fernseher gehen musste ist heute kaum noch vorstellbar.

So eine Fernbedienung wäre auch sonst im Alltag praktisch. Das könnte unter Umständen sehr lustig werden, wenn man sich das konkret vorstellt. Wenn es langweilig wird, schalten wir einfach um. Oder man schickt mit der Fernbedienung jemanden von einem Platz zum anderen. Und wenn der Lehrer oder

der Chef Aufgaben zu verteilen hat, und man bräuchte nur auf den richtigen Knopf zu drücken, um das drohende Unheil abzuwenden, dann würden wir das sicher sofort tun.

Aber auch umgekehrt fühlen wir uns manchmal „wie ferngesteuert“. Viele Menschen bestimmen über uns, drücken auf irgendwelche Knöpfchen, und wir haben zu funktionieren. Wir fühlen uns wie ein Gerät, das zu reagieren hat.

Wir alle verfügen über so eine „Fernbedienung“, und wir haben sie immer dabei. Eine „Fernbedienung“, die eine Wirkung hat, ohne dass wir etwas unternehmen müssen. Diese Fernbedienung ist unser Gesicht. Mit der Veränderung unseres Gesichts, mit unserer Mimik, mit unserem Blick können wir viel erreichen. Wir können beispielsweise jemandem zublinzeln. Ein Augenzwinkern kann manchmal Wunder bewirken. Unsere Mimik ist in der Lage, viele Gefühlszustände auszudrücken, die wir nur schwer in Worte fassen könnten.

Unsere Mimik ist also wie eine Fernbedienung. Und wie eine echte Fernbedienung reduziert auch sie Entfernungen. Ich habe einen Satz entdeckt, der das auf den Punkt bringt: „Die kürzeste Verbindung zwischen zwei Menschen ist ein Lächeln“.

# Form

**Thema**
- Anpassung
- Druck
- Individualität

**Material**
Zur Durchführung:
- Sandkastenförmchen, Kuchenform

Für die Teilnehmer:
- Papierbackförmchen

Es gibt wohl niemanden unter uns, der nicht als Kind im Sandkasten gespielt und dabei Förmchen befüllt hätte. Der Sand muss etwas feucht sein. Er wird in die verschiedenen Förmchen gefüllt und mit der Schaufel festgeklopft, damit keine Hohlräume entstehen. Dann wird die Form schnell umgedreht. Es folgen wieder die obligatorischen Schläge mit der Sandschaufel. Vorsichtig wird die Form abgehoben, und das Kunstwerk wird bewundert. Nach kurzer Zeit steht eine größere Anzahl von „Sandkuchen" am Rand des Sandkastens. Mit nur einer Form kann also eine Vielzahl von gleichen Werken hergestellt werden.

Auch für die richtigen, genießbaren Kuchen gibt es Formen. Der Teig wird eingefüllt und gebacken. Jeder Kuchen aus dieser Form sieht gleich aus. Osterhasen oder Nikoläuse, z. B. aus Schokolade in Formen gegossen – einer wie der andere.

Manchmal kann ich mich des Eindrucks nicht erwehren, dass die Schule des Lebens solche „Formen" und „Förmchen" auch für uns bereithält. Als kleine Kinder spüren wir es vielleicht noch nicht, aber bald merken wir, dass immer wieder jemand versucht, uns in eine bestimmte „Form" zu pressen, und manchmal wird auch noch mit der Schaufel draufgeklopft. Da gibt es z. B. die „Form" des scheinbar richtigen Denkens, die oft nur Anpassung verlangt oder Kreativität verhindert, die „Form" des richtigen Benehmens, der richtigen Kleidung, der coolen Sprüche, die wir von uns geben müssen, wenn wir dazugehören wollen, usw... Diese Liste der „Formen“ kann sehr lang werden, und jeder kennt seine eigenen „Formen“.

Wenn alle jeden Tag in die gleiche „Form“ gedrückt werden, ist es nicht mehr verwunderlich, wenn am Ende alle gleich aussehen, gleich angezogen sind, gleich sprechen, gleich denken. Wir sind „in Form“ gebracht.

Lassen wir uns nicht in „Formen“ pressen. Haben wir den Mut, uns von anderen Menschen zu unterscheiden. Achten wir darauf, wo wir in Gefahr sind, unsere Individualität zu verlieren.

# Hamsterrad

**Thema**
- Routine
- Langeweile
- gebraucht werden
- an seinem Platz stehen
- Sinn

**Material**
Zur Durchführung:
- Hamsterrad

Für die Teilnehmer:
- Filzstifte

Es gibt viele Dinge in unserem Leben, die laufen immer nach demselben Muster ab. Aufstehen, frühstücken, in die Schule oder Arbeit gehen, nach Hause kommen, essen, fernsehen, schlafen, aufstehen, frühstücken usw. Es ist jeden Tag dasselbe. Das gilt auch für die größeren Zusammenhänge: Wir werden geboren, gehen in den Kindergarten und dann in die Schule, finden einen Beruf, heiraten vielleicht, bekommen Kinder, werden alt und sterben. Und es werden wieder Kinder geboren, die in den Kindergarten gehen …

Das Leben macht manchmal den Anschein, als würde sich alles im Kreis drehen. Wie in einem Hamsterrad geht es jeden Tag rundherum, und ich kann höchstens schneller oder langsamer laufen; anhalten oder aussteigen kann ich aus diesem Lebens-Hamsterrad nicht.

Wenn ich mir den Tagesablauf noch einmal anschaue, drängt sich mir die Frage auf: Warum machen wir das eigentlich immer und immer wieder? Die Antwort könnte lauten: Weil jeder von uns an seinem Ort gebraucht wird! Ja, ihr habt richtig gehört, weil ihr hier gebraucht werdet. Vielleicht denkt ihr jetzt: Wo soll ich denn hier gebraucht werden? Wo kann ich etwas verändern? Wie kann ich aus dem Schema ausbrechen?

Doch, wir werden gebraucht. Jeder und jede von uns. Wir müssen nur die Augen und Ohren offen halten, damit wir merken, wo wir nötig sind. Aus dem Hamsterrad des Lebens kann ich nicht aussteigen, ich kann aber andere mitnehmen und spüren: Ich bin nicht allein. Ich werde gebraucht an dem Platz, an dem ich mich befinde.

Damit wir nicht vergessen, aufmerksam für die heutigen Aufgaben zu sein, male ich euch ein Fragezeichen auf den Handrücken. Es soll euch an die Frage erinnern: Wo werde ich gebraucht?

# Handy

**Thema**
- Gebet
- Verbindung zu Gott
- empfangsbereit sein
- Verantwortung

**Material**
Zur Durchführung:
- Handy

Für die Teilnehmer:
- Kopien einer Telefonkarte

Ein Handy zu benutzen ist sehr praktisch. Mit einem Handy kann ich von überall aus telefonieren und bin auch überall erreichbar. Innerhalb weniger Jahre ist das Handy zu einem Alltagsgegenstand geworden.

Wie wäre es eigentlich, wenn ich damit nicht nur andere Menschen in aller Welt erreichen könnte? Ich stelle mir vor, Gott könnte mich auf meinem Handy erreichen. Und weiter, er würde mir etwas sagen wollen. Das Display des Handys zeigt: Anruf: Gott!
Würde ich den Anruf überhaupt entgegennehmen? Oder würde ich ihn erstmal lieber auf meine Mailbox sprechen lassen? Was würde er mir denn überhaupt sagen wollen?
„Oh Gott“, wäre vielleicht meine erste Reaktion. Und wenn es öfter klingelt, würde ich vielleicht sagen: „Oh Gott, der schon wieder“, weil ich mir vermutlich schon gut vorstellen könnte, was er mir zu sagen hätte. Vielleicht würde ich irgendwann das tun, was viele Menschen machen: das Handy einfach ausschalten. Nicht mehr empfangsbereit, „temporaryly not available“, oder ich würde mich schon darauf freuen, weil es vielleicht die Sorte von Anrufen ist, die man sehr gerne entgegennimmt.

Was würde mir Gott sagen wollen?
Ich würde durch diesen Anruf genau erfahren, was gut und richtig für mich und meine Mitmenschen ist. Aber dazu muss ich auch empfangsbereit sein

und mir die Zeit nehmen, auf diesen Anruf zu hören. Nur wenn ich bereit bin, still zu sein, kann seine Stimme in mir zum Klingen gebracht werden. Und natürlich kann ich auch auf diesen Anruf antworten. Das nennt man dann Ver-Antwort-ung. Das kann sehr oft eine Antwort sein, die keiner Worte bedarf.

Lassen wir unser „Handy", oder besser uns selbst, im empfangsbereiten Zustand. Einen Versuch ist es allemal wert.

# Hut

**Thema**
- Schutz
- Sicherheit
- Geborgenheit

**Material**
Zur Durchführung:
- verschiedene Hutmodelle

Für die Teilnehmer:
- gefaltete Papierhüte mit Aufschrift
  „… behütet und getröstet wunderbar“

Unterschiedlichste Hutmodelle prägten die verschiedenen Zeitepochen. Vom einfachen Hut bis zu extravaganten Exemplaren, geschmückt mit allen möglichen und unmöglichen Dingen, reicht das Spektrum. Hüte, Mützen und Kappen haben alle die gleiche Aufgabe. Sie sollen uns vor Regen, Sonne, Wind, Kälte und Schnee schützen. Bei ehemaligen Sklaven war der Hut ein Zeichen dafür, dass sie freigelassen worden waren. Der Hut also als Symbol der Freiheit. In manchen Gesellschaften war der Hut ein Zeichen der Zugehörigkeit zu einer bestimmten Gruppe. Bei den Damen war er ein Kleidungsstück, mit dem sie bewundernde und neidische Blicke auf sich ziehen wollten. Vom Borsalino, den man vielleicht aus italienischen Filmen kennt, über den Western-Hut, den Stetson, bis hin zum berühmten Zylinder, den es auch als klappbare Version gibt: Hüte verleihen ihrem Träger schon immer ein verändertes Aussehen. Obwohl der Hut bei Männern und Frauen an Bedeutung eingebüßt hat, geht es auch heute nicht nur um Zweckmäßigkeit. Ob man sich ein Baseballcap oder eine Pudelmütze aufsetzt ist eben nicht gleichgültig, es verändert den Träger. Man sollte das einmal vor dem Spiegel ausprobieren.

Der Ursprung des Hutes lag in seiner Schutzfunktion. Ich frage mich, ob so ein Schutz nicht nur für den Kopf oder die Frisur des Hutträgers nützlich sein könnte, sondern vielleicht auch für unser Leben?

Wer oder was behütet uns? Wer gibt Schutz, Sicherheit und Geborgenheit? „Ich behüte dich, wohin du auch gehst“, diesen Satz kennen wir aus dem ersten Buch der Bibel. Er sagt uns nicht: „Ich bewahre dich vor allem Unglück und allen Krankheiten“, sondern „Ich bin in jedem Unglück und in jeder Krankheit bei dir“. Der echte Hut kann ja auch nicht den Regen verhindern oder die Kälte vertreiben.

Von Dietrich Bonhoeffer kennen wir die Liedzeile „ … behütet und getröstet wunderbar …“. Er schrieb sie in Todesgefahr im Gefängnis. Auch für ihn bedeutete Behütetsein nicht Harmonie und Wohlbefinden und Abwesenheit von Leid. Sich behütet fühlen heißt nicht, dass mir nichts passieren kann, sondern: „Sogar wenn mir etwas passiert, passiert mir nichts“. Gerade dann, wenn ich an meinem Tiefpunkt angelangt bin, darf ich mich behütet fühlen.

# Jahreswechsel

**Thema**
- Jahreswechsel
- Vertrauen
- Angst
- Glaube

**Material**
Zur Durchführung:
- neuer Kalender

Für die Teilnehmer:
- Kopien des Gedichts von Dietrich Bonhoeffer

Das neue Jahr hat bereits begonnen. Mehr als 350 Tage liegen noch vor uns. Immer stellt sich an solchen Tagen die Frage: „Was wird das neue Jahr bringen?“ Diese Frage kann uns motivieren, weil wir daran denken, was alles an schönen Dingen vor uns liegt. Führerschein, Urlaub, wichtige Hürden hinter sich bringen, und dann das Leben wieder unbeschwert genießen. Viele schöne Momente kann dieses Jahr beinhalten.

Aber diese Situation kann uns auch nachdenklich machen: „Kann es noch gut gehen?“ Berufliche Sorgen oder private Probleme lassen unser Gesicht ernster werden, wenn wir daran denken ... „Was wird es bringen, dieses neue Jahr? Werde ich mich darüber freuen, wird es mich – so oder so – überwältigen? Werde ich es aushalten können?“ Ein großes Fragezeichen tut sich auf.

Noch immer versuchen viele Menschen unter uns christlich zu leben, was nicht immer leicht ist. Aber es gibt Menschen, die uns zeigen, dass es gut ist, an etwas glauben zu können, das sich über uns auftut. Und ein solcher Mensch ist Dietrich Bonhoeffer. Von den Nazis inhaftiert, brachte er es fertig, in den zwei Jahren bis zu seiner Ermordung im KZ Flossenbürg, viele Briefe und Gedichte an seine Angehörigen und Freunde zu schreiben. Der Theologe und Widerstandskämpfer ahnte, dass er diese Zeit nicht überleben wird. In dieser ungewissen Situation schrieb er an Silvester 1944 ein Gedicht an seine Angehörigen, das bis heute als Ermutigungs-Gedicht für jeden Jahreswechsel gilt.

Ich wünsche euch – und natürlich auch mir –, dass wir durch dieses Jahr aufrecht hindurch gehen, wer und was auch immer uns begegnet.

**Von guten Mächten**

Von guten Mächten treu und still umgeben
behütet und getröstet wunderbar,
so will ich diesen Tag mit euch leben
und mit euch gehen in ein neues Jahr;

noch will das alte unsre Herzen quälen
noch drückt uns böser Tage schwere Last,
Ach, Herr, gib unsern aufgeschreckten Seelen
das Heil, für das Du uns geschaffen hast.

Und reichst Du uns den schweren Kelch, den bittern,
des Leids, gefüllt bis an den höchsten Rand,
so nehmen wir ihn dankbar ohne Zittern
aus Deiner guten und geliebten Hand.

Doch willst Du uns noch einmal Freude schenken
an dieser Welt und ihrer Sonne Glanz,
dann woll'n wir des Vergangenen gedenken,
und dann gehört Dir unser Leben ganz.

Lass warm und hell die Kerzen heute flammen,
die Du in unsre Dunkelheit gebracht,
führ, wenn es sein kann, wieder uns zusammen!
Wir wissen es, Dein Licht scheint in der Nacht.

Wenn sich die Stille nun tief um uns breitet,
so lass uns hören jenen vollen Klang
der Welt, die unsichtbar sich um uns weitet,
all Deiner Kinder hohen Lobgesang.

Von guten Mächten wunderbar geborgen
erwarten wir getrost, was kommen mag.
Gott ist bei uns am Abend und am Morgen
und ganz gewiss an jedem neuen Tag.

*Dietrich Bonhoeffer*

# Kartenspiel

**Thema**
- neuer Lebensabschnitt
- Zukunft
- Möglichkeiten
- Beginn einer neuen Phase

**Material**
Zur Durchführung:
- Spielkarten

Für die Teilnehmer:
- je eine Karte aus dem Spiel

Kartenspiele sind schon sehr alt und erfreuen sich doch großer Beliebtheit. Das Spiel beginnt damit, dass die Karten gemischt und nach bestimmten Regeln an die Mitspieler ausgeteilt werden. Jeder Mitspieler hält dann sein Blatt in der Hand und versucht zu gewinnen. Obwohl für die meisten Kartenspieler der Zeitvertreib und der Spaß das Wichtigste sind, geht es manchmal ziemlich laut und angestrengt zu. Einige Kartenspieler riskieren sogar viel Geld dabei.

Man spricht manchmal vom Spiel mit verdeckten Karten, die erst nach und nach aufgezeigt werden. Gezinkte Karten sollen das Gewinnen wahrscheinlicher machen. In manchen Spielen gibt es Trümpfe, Asse und Joker. Wenn das Spiel zu Ende ist, wenn also klar geworden ist, wer gewonnen und wer verloren hat, dann werden die Karten neu gemischt, ein neues Spiel mit neuem Glück und einer weiteren Gewinnchance beginnt.

Auch jeder Lebensabschnitt gibt uns das Gefühl, dass etwas Neues beginnt. Ob es sich dabei um ein neues Schuljahr, eine neue Ausbildung, eine neue Beziehung oder etwas anderes Neues handelt – eine solche Situation kann uns den Eindruck vermitteln: Die Karten sind neu gemischt.

Habe ich gute Karten? Habe ich ein gutes Blatt bekommen? Hab ich vielleicht sogar einige Trümpfe in der Hand? Oder trete ich mit ungünstigen Voraussetzungen

zungen an? Werde ich am Ende ein guter Verlierer sein? Oder ein großzügiger Gewinner?

Auf jeden Fall können wir unsere Chance nützen. Die Karten sind neu verteilt. Das bisherige Spiel ist vorbei. Trauern wir dem Alten nicht nach. Es ist unerheblich, welche Chancen wir hatten oder nicht hatten. Entscheidend ist allein, welche Chancen jetzt vor uns liegen. Es kommt darauf an, ob wir unsere „Joker" verfallen lassen oder nutzen.

# Kerze

**Thema**
- Dunkelheit
- Licht
- Licht sein für andere
- die Welt erhellen

**Material**
Zur Durchführung:
- eine große Kerze, die bereits brennt, einige kleine, nicht angezündete Kerzen

Für die Teilnehmer:
- kleine Kerzen

Kerzen dienten früher als selbstverständliche Lichtquelle. Gegenüber Fackeln und Talglampen war die Entwicklung der Kerze ein großer Fortschritt. Wenn der Baumwolldocht angezündet wird, schmilzt das Wachs und wird vom Docht angesogen und liefert der Flamme immer neues Brennmaterial. Die Flamme selbst hat eine charakteristische Form, die wir so nur bei Kerzen finden. Durch die hohen Temperaturen, die bis zu 1400 °C annehmen können, wird eine Luftströmung erzeugt, die die Flamme ständig in Bewegung hält. Auch wenn wir Kerzen heute nicht mehr zur Beleuchtung verwenden, benutzen wir sie gerne bei Festen, um eine besonders feierliche Stimmung zu erzeugen. Vor allem in der dunklen Jahreszeit zünden wir gerne Kerzen an.

Mit den Kerzen, die ich hier im Raum aufgestellt habe, möchte ich euch etwas zeigen. Die Kerze in der Mitte erhellt den Raum. Durch ihr Licht können wir uns im Raum orientieren und uns sehen. Sie selbst wird dadurch immer kleiner und weniger. Die anderen Kerzen, die um die große Kerze aufgestellt wurden, sind nicht angezündet. Sie bleiben erhalten, wie sie sind, geben dafür aber auch kein Licht.

Manchmal ist es auch bei mir so. Ich würde auch gerne leuchten, Licht geben für andere oder für mich selbst. Aber es gibt viele Hindernisse oder zumindest gelingt es mir, die vermeintlichen Hindernisse immer größer werden zu lassen. „Das traue ich mich niemals!“ oder „Das kann ich doch überhaupt nicht!“ „Ich soll so leuchten wie andere Menschen?“ „So leuchten, dass ich anderen Licht geben kann?“ „Sollten das nicht besser Menschen machen, die das wirklich können?“

Wir können jetzt den Raum hier erhellen, indem wir eine dieser Kerzen anzünden. Lassen wir die kleinen Kerzen nicht nur angeleuchtet sein, sondern selbst leuchten. Wenn wir uns einen Ruck geben, Selbstzweifel und Trägheit überwinden, dann wird es – wie gerade hier – um uns und in uns heller.

Wir können leuchten. Wir können dafür sorgen, dass es in unserem Lebensbereich ein kleines bisschen heller wird. Auch wenn wir uns manchmal viel zu klein, zu schwach oder ausgebrannt fühlen, dürfen wir uns sicher sein: Unser Licht gibt anderen Menschen die Orientierung, die sie brauchen.

## Knoten

**Thema**
- verwirrende Situationen
- Ratlosigkeit
- Ohnmacht
- Veränderbarkeit

**Material**
Zur Durchführung:
- ein Stück Schnur oder Seil mit einem Knoten

Für die Teilnehmer:
- dünne Schnüre mit einem Knoten für das Handgelenk

Knoten in einer Schnur – wer kennt das nicht. Eine verwickelte, verknotete Schnur, die man wieder entwirren soll. Denken wir beispielsweise an einen Knoten im Schnürsenkel. Wenn wir versuchen, den Knoten aufzumachen, und dabei am falschen Ende ziehen, wird er nur noch fester. Das Lösen des Knotens im Schnürsenkel ist dann oft ein Geduldsspiel, und manchmal erfordert es zuviel Geduld und wir lassen es lieber sein. Oft gibt es dann bestimmte Personen, zu denen wir gehen und die als Knotenlöser fungieren. So jemanden zu haben, ist ein Glücksfall. In vielen Familien sind es übrigens die Mütter, die die Knoten aufmachen müssen.

Auch in unserem Leben gibt es Situationen, die wie verknotet, verwirrt, kaum lösbar aussehen. Unsere Beziehungen können so verwirrt erscheinen: Was will die oder der von mir? Was bin ich meinen Freunden wert? Unsere Gefühle – wie ein verwirrtes Knäuel. Unsere Sprache – das falsche Wort am falschen Platz – schafft manchmal mehr Verknotungen als Verständigung.

Und auch da gibt es nur eine einzige Lösung: Wie bei den echten Knoten müssen wir vorsichtig an den richtigen Stellen ziehen. Und auch hier dürfen wir nicht gleich aufgeben, sondern brauchen vor allem eines: Geduld! Und manchmal, wenn es wirklich gar nicht mehr weitergeht, müssen wir uns jemanden holen, der uns hilft, den Knoten zu lösen.

Aber nicht alle Knoten müssen uns stören. Denn es gibt auch Knoten, die sehr wichtig sind. Knoten können nämlich auch eine positive Funktion haben. Knoten verbinden. Das können nicht nur Weber und Seeleute bestätigen. Nicht alle Knoten sind heillos. Und manche Knoten sollten gar nicht aufgemacht werden, weil sie Dinge zusammenhalten.

## Luftballon 1

**Thema**
- Festhalten
- Loslassen
- unerfüllbare Wünsche
- Abschied
- Trennung bzw. Scheidung
- Tod

**Material**
Zur Durchführung:
- großer, gasgefüllter Luftballon

Für die Teilnehmer:
- gas- oder luftgefüllte Luftballons

Immer wieder sieht man bei Hochzeiten, Schulfesten oder besonderen Veranstaltungen Luftballons in die Höhe steigen. Solche mit Gas gefüllten Luftballons sind besonders schön. Wenn man sie bei sich trägt, kann es schon mal passieren, dass ein Ballon entkommt und wegfliegt. Es sieht wunderschön aus, wie er immer höher in den Himmel steigt, bis nur noch ein kleiner Punkt zu sehen ist. Aber es bleibt auch ein trauriger Beigeschmack. Der Luftballon ist weg – und wir haben das Nachsehen.

Festhalten oder Loslassen – diese Frage müssen wir uns immer wieder einmal stellen und auch beantworten. Vieles im Leben schleppen wir mit uns herum, das wir besser sein lassen sollten. Da hat uns ein Freund gekränkt, und wir konnten es weder ausräumen noch verzeihen. Oder: Jemand ist verliebt, aber die Liebe bleibt unbeantwortet, und obwohl man weiß, dass es keine Erwiderung gibt, kann man nicht aufhören, diesen Menschen zu lieben. Manchmal sind es auch Wünsche – nicht so sehr die materiellen –, die für uns zum Ballast werden: Der Wunsch, dass ein bestimmtes Ereignis eintritt, oder dass jemand zurückkommt, oder dass etwas wieder so wird, wie es einmal war …

Für manche Dinge kann man etwas tun. Und dafür sollten wir auch unsere Kraft einsetzen, alles geben, um unsere Ziele zu erreichen. Es gibt jedoch auch Dinge, für die wir gerne viel geben würden, die wir aber niemals (mehr) erreichen können. Wir lenken unser Wollen, unsere Sehnsucht, unsere Energie in eine Richtung, in der sie nichts bewirken können. Immer und immer wieder „ackern" wir dafür. Einen großen Teil unserer Lebenskraft verwenden, verpulvern wir manchmal dafür.

Wenn wir es schaffen, Dinge, für die wir gar nichts tun können, weil sie sich unserer Verfügung entziehen, loszulassen, dann bekommen wir die Chance, unsere Kräfte für neue Bereiche einzusetzen. Das ist leicht gesagt, aber in Wirklichkeit ist es unheimlich schwer, solche lang gehegten Sehnsüchte fliegen zu lassen. Es braucht viel Mut, den Ballon steigen zu lassen und ihm hinterher zu sehen.

Kleine Kinder fangen oft zu weinen an, wenn ihnen ihr Luftballon davongeflogen ist. Aber wenn sie sich die Tränen rechtzeitig wegwischen, werden sie mit dem wunderschönen Anblick des davonschwebenden Ballons getröstet.

# Luftballon 2

**Thema**
- die letzte Zeit vor den Ferien bzw. dem Urlaub
- Ende der Anspannung
- Stress
- Langeweile

**Material**
Zur Durchführung:
- aufgeblasener Luftballon

Für die Teilnehmer:
- Luftballons

Ein Luftballon hat eine interessante Wirkung auf Menschen. Kein Fasching, kein Kindergeburtstag, kein Volksfest ohne Luftballons. Wo Menschen etwas feiern, sind auch Luftballons dabei. Jeder, der einen Luftballon sieht, möchte ihn berühren, mit ihm spielen. Die langsamen Bewegungen des prall gefüllten Ballons üben eine große Anziehungskraft auf uns aus.

Wenn ich aber die Luft herauslasse und nur noch die schlaffe Hülle vor mir sehe, ist diese verzaubernde Kraft plötzlich weg. Mit dieser faltigen Hülle kann man wenig anfangen. Die Luft ist raus. Der Zauber, die Spannung, und damit auch das Interesse, sind wie weggeblasen.

So ähnlich ist es auch jetzt, an einem Punkt des Jahres, an dem wir nur noch darauf warten, dass wir in die Ferien oder in den Urlaub gehen können. Die großen Projekte sind gelaufen, die Arbeiten erledigt, die Noten vergeben. Vorher war die Anspannung mit Händen zu greifen, wir fühlten uns manchmal, als würden wir gleich „platzen". Jetzt ist alles leer, es gibt keinen wirklichen Zweck mehr, die Luft ist raus.

In diesem Zustand können die letzten Wochen vor dem Urlaub oder den Ferien zur Qual werden. Die Zeit dehnt sich fast unendlich und wird buchstäblich eine „lange Weile".

Es stimmt, die Luft ist raus, zumindest das meiste davon. Aber versuchen wir trotzdem, noch etwas Luft im Ballon zu lassen. Die große Spannung ist weg, und das ist wohltuend. Aber die Luft ganz herauszulassen, das kann jetzt noch nicht sinnvoll sein. Lassen wir noch etwas Luft im Ballon. Genießen wir es, ohne Hochspannung leben zu können. Vielleicht gibt es Dinge zu tun, die wir schon lange tun wollten. Dinge, die wir immer wieder verschoben haben, weil sie nicht ganz so wichtig und dringend waren. Die könnten wir jetzt erledigen und damit noch etwas Luft im Ballon behalten. Es könnte dazu führen, dass wir diese „Rest-Zeit" trotzdem noch als sinnvolle Zeit erleben können.

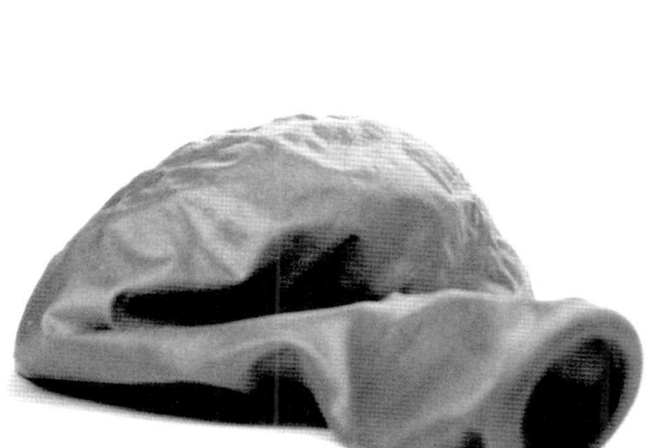

# Maßstab

**Thema**
- Vergleichen
- Beurteilen
- Umgang mit Kritik
- Umgang mit Vorwürfen

**Material**
Zur Durchführung:
- Maßstab, Maßband, Lineal

Für die Teilnehmer:
- Kopien eines Meterstabes oder Teile eines zersägten Meterstabes

Einen Maßstab oder ein Maßband verwenden wir zum Messen. Indem wir einen Maßstab anlegen, vergleichen wir zwei Dinge miteinander. Wir beurteilen, ob die Gegenstände größer, kleiner oder gleich groß sind.

Wir messen aber nicht nur Gegenstände, sondern auch Menschen. Wir legen einen Maßstab an, und der kann gnadenlos sein. Der ist dümmer als ich, die ist zu doof oder zu dick, der hat diese Fähigkeiten nicht, die macht jenes falsch. Hier wird manchmal unerbittlich gemessen. Da können sich manche Menschen noch so strecken, sie schaffen es nicht, unserem Maßstab zu genügen, sie sind zu klein.

Aber auch ich werde gemessen. In Reaktion auf solche „Messungen" sage ich dann oft: „Was bildet der sich überhaupt ein, mir so etwas an den Kopf zu werfen". Die Beurteilung passt mir nicht, genügt mir nicht. Dahinter könnte meine Angst stecken, nur Mittelmaß zu sein. Ich lasse mich also auch von anderen messen, wenn ich mich nach ihrem Urteil richte, mich so verhalte, wie sie sich das vorstellen.

Doch wir sagen ebenso oft: „Du bist kein Maßstab für mich". Woran sollen wir uns messen? Wenn ich mich mit Albert Einstein vergleichen würde, müsste ich zwangsläufig schlecht abschneiden. Ich würde zu dem Ergebnis kommen, dass ich ziemlich dumm bin. Aber kann Einstein ein sinnvoller Maßstab für mich sein?

Wer ist für mich Maßstab? Wem überlasse ich es, mich zu messen? Wahrscheinlich gibt es nur wenige Menschen, von denen ich Maß nehmen lasse. Den richtigen Maßstab zu finden ist wichtig. Messen wir nicht zu hart, und lassen wir uns nicht von jedem messen.

## Placebo

**Thema**
- Wirkstoff
- Kraft
- Energie
- Glaube
- Vertrauen

**Material**
Zur Durchführung:
- verschiedene Medikamentenpackungen

Für die Teilnehmer:
- pillenähnliche, bunte Bonbons

Es gibt Medikamente, die enthalten keinen Wirkstoff. Sie bestehen lediglich aus Substanzen wie Milchzucker oder Stärke. Man nennt solche Medikamente Placebos.
Sie dürften eigentlich keine Wirkung haben, tun es aber trotzdem. Placebos können unter bestimmten Umständen Kranke heilen oder zumindest ihren Zustand verbessern. Wie ist das möglich? Man spricht vom Placebo-Effekt, wenn ein Mensch gesund wird, weil er daran glaubt, dass ihm geholfen wurde.

Dabei fördert die Wissenschaft erstaunliche Ergebnisse zu Tage: Spritzen haben einen größeren Effekt als Tabletten. Am besten wirken Placebo-Injektionen dann, wenn sie von Ärzten verabreicht werden. Wird diese Aufgabe von Krankenschwestern übernommen, ist der Effekt geringer.

Der Placebo-Effekt trägt immer den bitteren Beigeschmack des Ausgetrickstwerdens mit sich. Ich bin ja nur gesund geworden, weil mich der Arzt überlistet hat. Aber ich glaube, diese Ansicht ist weder hilfreich noch richtig. Ist es nicht vielmehr höchst erstaunlich, dass wir die Kraft, gesund zu werden, scheinbar zu einem großen Teil in uns haben? Und ist es nicht ebenso erstaunlich, dass wir diese Kraft nicht durch noch so gezielte Logik oder hohe Anstrengung mobilisieren können, sondern allein durch Glauben und Vertrauen? „Dein Glaube hat dir geholfen" ist ein Satz, der nach Krankenheilungen mehrmals von Jesus ausgesprochen wurde.

Ich habe oft den Eindruck, dass Menschen schwierige Aufgaben und Situationen in ihrem Leben bewältigen, weil sie darauf vertrauen, dass sie es schaffen können. In diesem Vertrauen gehen sie ans Werk und lassen sich nicht unterkriegen. Ihr Vertrauen ist so groß, dass die Möglichkeit des Scheiterns gar keinen Platz hat.

Wir tragen Kräfte in uns, die wir weder mit dem Verstand noch mit Anstrengung in Gang setzen können, sondern nur mit Glauben und Vertrauen. Nicht umsonst spricht das Neue Testament davon, dass der Glaube Berge versetzen kann.

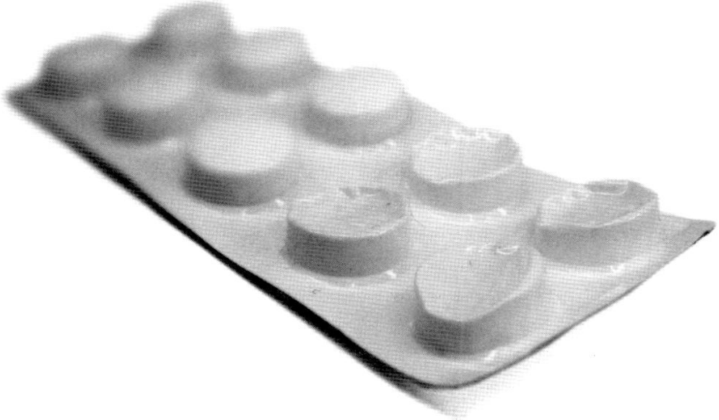

# Regentropfen

**Thema**
- Gefühle zulassen
- Tränen
- weinen

**Material**
Zur Durchführung:
- eine Fensterscheibe, die mit Wasser besprüht ist

Für die Teilnehmer:
- „Regentropfen“ aus Glas

In unseren Breitengraden müssen wir damit leben, dass wir immer wieder schlechtes Wetter haben. Alles ist wolkenverhangen, und oft regnet es. Wenn ich dann zum Fenster hinaussehe, dann sehe ich etwas, das einen tiefen Eindruck bei mir hinterlässt: die Regentropfen an der Fensterscheibe. Der Regen schlägt an das Fenster, einzelne Regentropfen bleiben an der Scheibe hängen oder kullern langsam nach unten. Dabei treffen sie auf weitere Tropfen und sammeln sich zu kleinen Bächen, die nach unten laufen.

Dieses Bild erinnert mich an Tränen, die über das Gesicht eines Menschen laufen. Dabei haben Tränen eine wichtige Funktion. Die Flüssigkeit, die die Tränendrüse absondert, reinigt und schmiert das Auge. Wenn zu viel Tränenflüssigkeit produziert wird, dann läuft sie über den Augenrand und die Wange. Wenn jemand Tränen in den Augen hat, können wir auf seinen Gefühlszustand schließen. Meist ist die Person dann traurig, und zwar so sehr, dass sie es nicht verbergen kann. Es kann aber auch sein, dass es uns vor lauter Glück schwer fällt, die Tränen zurückzu0halten.

Manchmal ist es uns nicht recht, wenn unsere Tränen bemerkt werden. Wir unterliegen dabei nämlich strenger Beobachtung. Es ist genau geregelt, wer in welcher Situation wie viel weinen darf. Kinder mehr als Erwachsene, Frauen mehr als Männer. Wer diesen Regeln nicht entspricht, für den kann es peinlich werden. Wir sollten nicht übersehen, dass diese Regeln auch stark einengen können. Wenn wir Gefühle wie Trauer oder Freude nicht zulassen und zeigen dürfen, dann können wir uns schnell eingesperrt oder eingemauert fühlen.

Schämen wir uns nicht unserer Tränen! Tränen reinigen nicht nur die Augen, sondern auch die Seele. Vielleicht ein bisschen so, wie der Regen die Fenster abwäscht.

## Rettungsdecke

**Thema**
- Rettung
- Wärme
- Licht
- Reflexion
- Positives weitergeben

**Material**
Zur Durchführung:
- Rettungsdecke, Kerzen, Teelichte

Für die Teilnehmer:
- Stücke einer Rettungsdecke und je ein Teelicht

Wenn ich diesen Gegenstand auffalte ist es wie mit vielen Dingen im Leben. Was zunächst ganz klein erscheint, erweist sich als riesengroß. In unserem Fall genau 2,10 m x 1,60 m: Wir erhalten eine Rettungsdecke. Sie gehört in Deutschland zum vorgeschriebenen Inhalt eines Verbandskastens. Eigentlich ist die Rettungsdecke nichts anderes als eine ziemlich dünne Polyesterfolie mit einer goldfarbenen und einer silberfarbenen Seite.

Diese Decke soll im Ernstfall einen Verletzten retten. Vom Wortsinn her bedeutet retten soviel wie entreißen, lösen, befreien. Die Rettungsdecke hält einen Verletzten warm, damit er nicht auskühlt. Oder sie schützt ihn vor großer Sonneneinstrahlung. Obwohl sie sehr dünn ist, hat sie die wichtige Eigenschaft, die Temperatur des Verletzten konstant zu halten und so Leben zu retten.

Die Körpertemperatur des Verletzten wird an der Folienschicht reflektiert und diese Reflexion hält den Körper warm. Wenn ich einige Kerzen auf diese Folie stelle, kann ich das sogar beobachten. Das Licht der Kerze wird von der Rettungsdecke zurückgespiegelt. Die Rettungsdecke gibt von sich aus weder Licht noch Wärme ab. Sie leitet weiter, was sie aus einer anderen Richtung empfängt.

Davon können wir lernen. Nehmen wir das Licht auf, das uns täglich begegnet und geben es weiter. Nehmen wir das Licht auf, das uns anstrahlt durch gute Worte, einen Händedruck, von dem wir genau wissen, wie er gemeint ist, ein Lächeln, einen Witz, der uns in schwieriger Zeit trotzdem zum Lachen bringt, einen Tipp, der uns weiterbringt oder durch die gut gemeinte Kritik eines Freundes. Nehmen wir es auf und reflektieren wir dieses Licht, wie die Rettungsdecke. Reflektieren wir das Licht und strahlen wir damit weitere Menschen an. Indem wir die Funktion der Rettungsdecke übernehmen, werden wir andere entreißen, lösen, befreien.

Ich wünsche euch, dass ihr heute dankbar bemerkt, was ihr alles an Wertvollem bekommen habt und dass ihr es schafft, davon weiterzugeben.

# Rhythmus

**Thema**
- neuer Anfang
- Beginn des neuen Schul- oder Arbeitsjahres
- regelmäßig wiederkehrende Situationen
- Taktgefühl

**Material**
Zur Durchführung:
- Trommel

Für die Teilnehmer:
- Bilder einer Trommel

Rhythmus bedeutet ein immer wiederkehrender Wechsel, ein Gleichmaß, eine Regelmäßigkeit. Zunächst denken wir dabei an Musik, aber Rhythmus gibt es auch in vielen anderen Bereichen: Ebbe und Flut, Tag und Nacht, die Jahreszeiten, Einatmen und Ausatmen oder etwa der Rhythmus in Gedichten. Auch der Herzrhythmus ist von Bedeutung einschließlich seiner bekannten Störungen. Das Wort kommt aus dem Griechischen und heißt soviel wie „das Fließen". Gemeint waren damit ursprünglich die Bewegungen der Meereswellen.

Auch unser Alltag folgt einem bestimmten, wiederkehrenden Rhythmus. Normalerweise heißt dies: aufstehen, anziehen, zur Schule oder in die Arbeit gehen, nach Hause kommen, essen, Hausaufgaben oder andere anstehende Dinge erledigen, vielleicht den Hobbys nachgehen, fernsehen, Zähne putzen, schlafen. Und am nächsten Tag wiederholt sich der ganze rhythmische Ablauf.

In der Musik ist ein guter Rhythmus von großer Bedeutung. Dabei sollte der Rhythmus geradlinig Takt für Takt durchlaufen. Allerdings hat man dabei festgestellt, dass der beste „Groove" nicht dann entsteht, wenn der Rhythmus monoton im Maschinentakt verläuft. Es grooved erst dann, wenn das Gefühl der Musiker ins Spiel kommt. Sie spielen mit ihrem Instrument gegen den klaren Takt an. Das wirkt auf das Publikum oft so stark, dass die Menschen unwillkürlich sich zu bewegen beginnen.

Am Beginn eines neuen Schul- oder Arbeitsjahres, nach längeren Pausen oder am Beginn eines neuen Lebensabschnittes merken wir, dass wir den Rhythmus noch nicht gefunden haben. Es holpert noch etwas, weil der Ablauf noch nicht in Fleisch und Blut übergegangen ist. Es grooved noch nicht. Wir versuchen, den richtigen Takt, den Rhythmus zu finden. Das heißt auch, dass wir noch üben müssen, taktvoll miteinander umzugehen. Und, dass diejenigen, die dem Groove schon etwas näher sind, die anderen mitreißen, damit es nicht mehr holpert, sondern zusammenpasst.

# Rinde

**Thema**
- Verletzlichkeit
- Schutz
- Gefahren

**Material**
Zur Durchführung:
- Rindenstücke verschiedener Bäume

Für die Teilnehmer:
- Rindenstücke

Ein Spaziergang durch den Wald führt uns an verschiedenen Baumarten vorbei. Dabei fällt auf, dass die Stämme der Bäume unterschiedliche Oberflächen aufweisen. Der Stamm der Buche beispielsweise ist sehr glatt, während der Fichtenstamm rau und harzig ist. Kiefernrinde ist fast schuppig. An gefällten Bäumen erkennt man gut die Unterschiede zwischen den verschiedenen Rinden.
Rinde gibt es nicht nur an Bäumen. In einem anderen Zusammenhang kennen wir auch die Brot- oder Käserinde, oder sogar die Hirnrinde.

Die Rinde umgibt den Stamm des Baumes und schützt ihn dadurch. Sie ist seine Lebensversicherung. Der Baum kann darunter in Ruhe wachsen. Die Rinde schützt das Leben und wächst bei Bedarf sogar mit, wenn sie dadurch auch rissiger wird. Das „Rissige" ist auch die eigentliche Wortbedeutung des Begriffs „Rinde". Wenn der Baum seine Rinde verliert, ist er schutzlos der Witterung und anderen Gefahren ausgesetzt.

Diese Situation kennen wir auch bei Menschen. Da hat jemand von anderen Menschen gezeigt bekommen, dass er unbeliebt ist und nicht gebraucht wird. Ein anderer hat erfahren, dass seine Beziehung in die Brüche gegangen ist. Ein Dritter hat Angst, dass seine Eltern sich trennen. Das alles und viel mehr macht schutzlos. Die Witterung des Alltags kann ungehindert angreifen. Menschen, denen die „Rinde", der Schutz genommen wurde, sind leichte Opfer. Wie einfach fällt ein böses Wort, wenn ich keine Gegenwehr fürchten

muss. Immer wieder finden sich Menschen, die diese schutzlose Zeit ausnutzen.
Manche dieser „leichten Opfer“ sehen nur die Chance, sich einzumauern, zu versteinern, um überleben zu können. Wirklich zu überstehen ist diese Phase nur, wenn sich Mitmenschen finden, die – vielleicht für eine begrenzte Zeit – die Aufgabe der Rinde übernehmen, die Schutz bieten, den anderen zudecken, sich schützend über ihn beugen. Auf diese Weise können die größten Gefahren abgewehrt, die schlimmsten Angreifer abgeschreckt werden.

Achten wir auf schutzlose Menschen in unserer Nähe. Nur durch unseren Schutz kann ihre eigene „Rinde“ langsam wieder nachwachsen.

# Rohr

**Thema**
- Dienstfunktion
- Demut
- Bescheidenheit
- im Hintergrund sein

**Material**
Zur Durchführung:
- Wasserleitungsrohr

Für die Teilnehmer:
- Schlauchstücke

Rohre und Leitungen wurden schon lange benutzt, um sauberes Wasser dorthin zu bringen, wo es gebraucht wurde. Wasserleitungen haben schon die Ägypter und Römer gebaut. Damals waren sie aus Stein. Aber es gab auch Wasserleitungen aus Holzrohren, um über kürzere Entfernungen das Wasser nicht tragen zu müssen.

Die Menschen freuen sich – heute wie damals – darüber, dass das kostbare Wasser für sie zur Verfügung steht. Auch heute kommt das Wasser ohne Probleme über Rohre und Leitungen in die Haushalte. Wir freuen uns aber nicht über das Leitungssystem selbst, sondern über das, was aus dem Wasserhahn kommt.

Die Röhre ist also nicht das Entscheidende, sie ist nur Mittel, Werkzeug, Übermittler. Und obwohl die Wasserleitung einen unglaublich wichtigen Dienst leistet, tritt sie nicht in den Vordergrund. Sie ist, im übertragenen Sinne, ein Symbol für Bescheidenheit und Demut.

Manchmal habe auch ich Aufgaben, die denjenigen einer Wasserleitung entsprechen: Es gibt Menschen um uns herum, die zu verdursten drohen. Sie verdursten, weil sie im Betrieb gemobbt werden, oder weil sie einsam, hilflos oder voller Trauer sind. In diesen Fällen ist es wichtig, dass ich einfach da bin. Aber es geht trotzdem nicht um mich. Ich darf nicht erwarten, dass ich im

Vordergrund stehe, dass ich für meine Bemühungen gelobt werde, Applaus bekomme. Ich stehe als Helfer im Hintergrund.

Es ist wichtig, dass ich – wie die Wasserleitung – das Gute, das man zum Leben benötigt, zu den Menschen leite. Das Gute kommt ja nicht aus mir, wird nicht von mir produziert, sondern allenfalls transportiert. Es genügt, dass ich diese Aufgabe kenne.

# Ruhelosigkeit

**Thema**
- Unzufriedenheit
- Sehnsucht
- Suche
- Leben im Hier und Jetzt

**Material**
Zur Durchführung:
- unten stehende Geschichte

Für die Teilnehmer:
- Kopien der unten stehenden Geschichte

Manchmal verläuft das Leben ohne besondere Höhen und Tiefen. Wir führen einfach unser Leben, zuweilen mit schönen und guten, zuweilen auch mit weniger guten Momenten. Doch manchmal beschleicht uns das Gefühl, dass es noch mehr geben muss. Wir erleben eine Sehnsucht nach mehr, womit gar nicht das Materielle gemeint ist. Wir denken und fühlen: „Das kann es doch nicht gewesen sein".

In solchen Momenten halten wir uns mehr in der Zukunft auf als in der Gegenwart: „Jetzt ist es noch nicht so, wie es einmal sein wird. Auf mich warten noch so viele Dinge. Später einmal – da beginnt dann das richtige Leben. Wenn ich hier nicht mehr sein muss, in Schule oder Beruf, eingebunden in eine Familie, dann wird alles besser und anders. Wenn ich am richtigen Ort wäre und dann noch zur richtigen Zeit, könnte ich das Leben führen, das ich mir wünsche. Irgendeinmal werde ich die Möglichkeit haben, um aus meinem Leben ein richtiges Leben zu machen".

Hören wir dazu folgende Geschichte: „Es waren einmal zwei Mönche, die lasen miteinander in einem alten Buch, am Ende der Welt gäbe es einen Ort, an dem Himmel und Erde sich berührten und das Reich Gottes begänne. Sie beschlossen, ihn zu suchen und nicht umzukehren, ehe sie ihn gefunden hätten. Sie durchwanderten die Welt, bestanden unzählige Gefahren, erlitten alle Entbehrungen, die eine Wanderung durch die ganze Welt erfordert, und alle Versuchungen, die einen Menschen von seinem Ziel abbringen können. Eine Tür sei dort, so hatten sie gelesen. Man brauche nur anzuklopfen und befinde sich dann im Reich Gottes. Schließlich fanden sie, was sie suchten. Sie klopften an die Tür, und bebenden Herzens sahen sie, wie sie sich weit öffnete … Und als die beiden Mönche eintraten, standen sie zu Hause in ihrer Klosterzelle und sahen sich gegenseitig an. Da begriffen sie: Der Ort, an dem das Reich Gottes beginnt, befindet sich auf der Erde, an der Stelle, die Gott uns zugewiesen hat“.

Die Stelle, die uns Gott zugewiesen hat … Das heißt nicht, dass sich nichts verändern darf und alles so bleiben soll, wie es ist. Aber der Platz, an dem wir gerade sind, ist sinnvoll und wertvoll. Genauso wie die Menschen, mit denen wir zusammen sind. Mit den Möglichkeiten, die wir jetzt haben, können wir Gutes und Schönes erreichen. Deswegen sollten wir nicht bis später warten, sondern hier und jetzt anfangen zu leben!

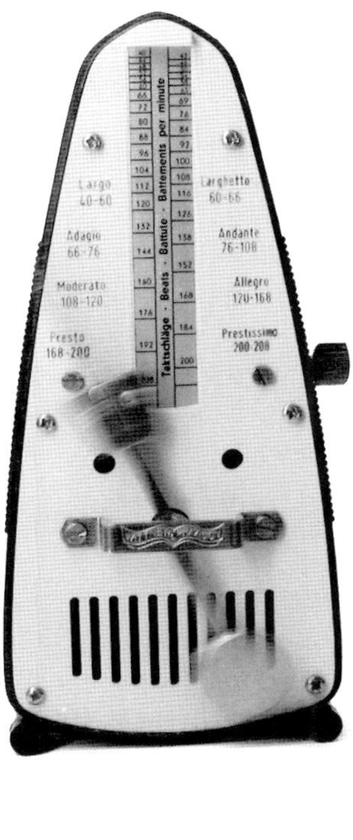

# Salz

**Thema**
- Intensität
- Einfluss auf die Umgebung
- „Ihr seid das Salz der Erde“ Mt 5,13

**Material**
Zur Durchführung:
- ein Säckchen mit Salz

Für die Teilnehmer:
- grobe Salzkörnchen oder Salzsteinchen

Jeder kennt Salz, in keiner Küche darf es fehlen. Es wird zum Würzen verwendet und als selbstverständlich angesehen. Die chemische Bezeichnung lautet „Natriumchlorid“.

Früher galt das Salz als etwas sehr Wertvolles, manchmal sogar als etwas Heiliges. Salz zu beschaffen war nicht einfach. Deshalb gab es im Mittelalter Salzbehälter, die nur eine kleine Öffnung hatten, sodass man mit Daumen und Zeigefinger nur eine Prise Salz entnehmen konnte.

Das Salz in der Suppe kann zweierlei Wirkung haben: zu wenig Salz – die Suppe schmeckt fade und schal; zu viel Salz – die Suppe ist versalzen. Beide Varianten machen die Suppe ungenießbar.

In der Bibel finden wir den Satz: „Ihr seid das Salz der Erde“. So, wie das Salz in die Suppe übergeht und deren Geschmack verändert, so sollen wir die Welt durchdringen. Unsere Ideen, Vorschläge, Gedanken und unsere Gesinnung sollen die Welt „würzen“. Mit unserem Nachdenken und unseren Beiträgen in den vielfältigen Bereichen des Lebens bringen wir „Geschmack“ in die Welt.

Doch es besteht auch hier die Gefahr, zu viel „Salz“ zu verwenden. Wir meinen manchmal, überall unser „Salz“ (oder unseren Senf) dazugeben zu müssen. Aber oft erreichen wir damit genau das Gegenteil von dem, was wir wollten.

Auch ein gut gemeinter Ratschlag, eine Belehrung, ein besserwisserischer Satz kann ungenießbar machen.

Versuchen wir, das „Salz" wohldosiert zu benutzen. Denken wir an die wertvolle Fähigkeit des Salzes, guten Geschmack zu bringen. Auf die Dosierung kommt es an!

# Schale

**Thema**
- Leere
- Burn-out
- Überforderung
- Ausweglosigkeit

**Material**
Zur Durchführung:
- Schale

Für die Teilnehmer:
- nichts (!)

Es gibt Tage da fühle ich mich wie leer. Die Aufgaben des Alltags überfordern mich. Ich sitze da und grüble, aber es fällt mir nichts ein. Kein guter Gedanke, kein witziger Einfall. Der Kopf ist leer, vielleicht die Seele auch. Das ist ein sehr unangenehmes Gefühl. Ein sich stetig verstärkender Druck baut sich auf. Es muss mir doch irgendetwas einfallen. Aber alles ist wie ausgebrannt, eine gähnende Leere macht sich im Kopf breit. Ich kann doch nicht mit leeren Händen dastehen!

Eine gute Regel lehrt, dass man immer das würdigen sollte, was den Augenblick ausmacht. „Anerkennen, was ist“ nennen das manche Menschen. Aber Einfallslosigkeit würdigen und anerkennen, das ist nicht leicht. Aber vielleicht hat dieses Gefühl der Leere bei genauem Hinsehen ja doch seine positive Seite.

In der fernöstlichen Meditationspraxis sind leere Hände, die zu einer Schale geformt werden, ein Ausdruck für Offenheit. Der Meditierende streift alles von sich ab, wird ganz leer und damit offen für das, was auf ihn zukommt. In eine Schale, die vollständig gefüllt ist, kann ja niemand etwas hineinlegen. Und wie oft füllen wir uns an mit allem Möglichen: Unterhaltung, Leistung, Geltung, Anerkennung – die Liste ist unendlich. Die Dinge sind nicht von sich aus schon schlecht, wir brauchen sie in unserem Leben. Aber wenn die Schale voll ist, können weder wir noch andere etwas hineinfüllen.

Eine leere Schale ist nicht etwa wertlos, weil nichts darin enthalten ist. Wenn sie leer ist, ist sie bereit, etwas aufzunehmen. Im Zustand der Leere sind auch wir in der Lage, Dinge aufzunehmen und wahrzunehmen, die uns im Zustand des Angefüllt-Seins verborgen bleiben, weil sie an uns – wie an der überlaufenden Schale – herunterlaufen, ohne in uns hineinzugelangen. Im Zustand der Leere jedoch kann ich von anderen beschenkt werden und kann annehmen, was sie für mich bereithalten.

# Schatzkästchen

**Thema**
- sich öffnen
- sich verschließen
- Identität
- Talente
- Vertrauen

**Material**

Zur Durchführung:
- ein Schatzkästchen, mit verschiedenen Gegenständen gefüllt

Für die Teilnehmer:
- Gegenstände wie Perlen o.Ä., die sich in dem Schatzkästchen befinden

Ein kleines Schatzkästchen. Liebevoll geschnitzt und aufwändig verziert. Was mag wohl drin sein? Es weckt sofort unsere Neugierde. In einem solchen Kistchen, das noch dazu einen Schlüssel zum Absperren hat, hebe ich Dinge auf, Dinge, die mir wichtig, die wertvoll sind. Manche davon habe ich von einem besonderen Menschen bekommen, andere zu einem bestimmten Anlass, den ich nicht vergessen möchte, einige stammen aus einem Urlaub, an den ich mich gerne erinnere. Sie sind in materieller Hinsicht nicht viel wert, aber mir bedeuten sie sehr viel. Es sind einige kleine Gegenstände dabei, die ich sonst verlieren könnte. Die Dinge im Schatzkästchen sind mir lieb und teuer geworden, ich habe sie ins Herz geschlossen. Wer so einen Schatz hat, hebt ihn gut auf. Nur wenige Menschen dürfen die Gegenstände sehen.

Ich glaube, wir alle tragen ein Schatzkästchen in uns. Wir verbergen darin wertvolle Dinge und zeigen sie nur selten. Manchmal sind wir heilfroh, dass nicht jeder und jede hineinsehen kann. Was würden sie von meinen „Schätzen“ halten? Vielleicht würden sie mich auslachen, etwa so, wie es öfter passiert, wenn kleine Kinder ihren Schatz aus Steinen, Federn und anderen Gegenständen stolz präsentieren. Die Erwachsenen lächeln, die größeren Kinder prusten laut los. Sind manche Menschen vielleicht deshalb so verschlossen, weil sie glauben, aus der Sicht der anderen nur wertlosen Plunder in sich zu tragen? Weil sie Angst haben, dass das, was sie liebevoll hüten, vor den

Augen anderer niemals bestehen könnte? Wie viele Verletzungen verbergen sich hinter scheinbar undurchdringlicher Verschlossenheit?
Ich frage mich oft, auf welche Weise man Menschen so viel Vertrauen entgegenbringen könnte, dass sie es wagen, sich zu öffnen. In einem Punkt bin ich mir sicher: Wir dürfen niemals versuchen, das „Schatzkästchen" mit Gewalt zu öffnen. Wir müssen geduldig warten, bis es uns geöffnet wird. Das ist es ja auch, was wir uns selbst wünschen: Dass jemand behutsam mit uns umgeht, dass wir jemandem unsere Schätze zeigen dürfen in der Gewissheit, dass sie bestehen können.

Öffnen wir unser „Schatzkästchen". Zeigen wir, was in uns steckt. Unsere Schätze werden neugierig machen, und manchen „Schatzsucher" beeindrucken, auch wenn wir das vorher nicht glauben können.

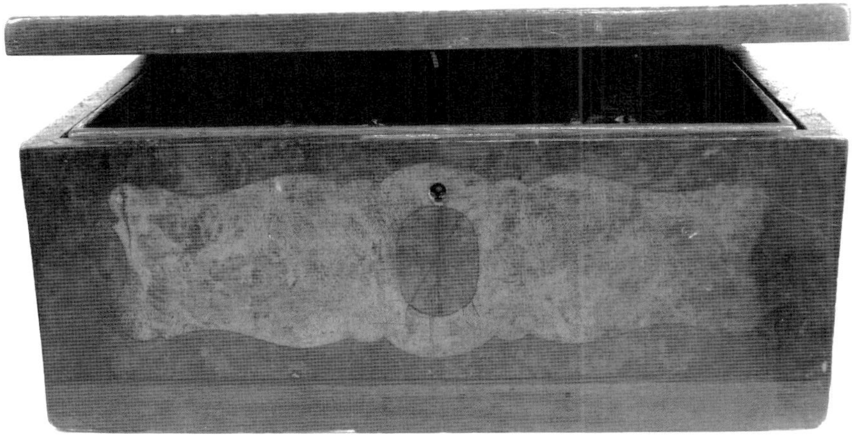

# Schneeschmelze

**Thema**
- Ende des Winters
- Negatives verändern
- Nächstenliebe
- Hoffnung

**Material**
Zur Durchführung:
- Eiswürfel oder -zapfen, Schnee in einer Glasschüssel

Für die Teilnehmer:
- Eisbonbons

„Schmelzen" heißt weich werden, zerfließen. Die Grundbedeutung des Begriffs lautet „sanft" oder auch „ruhig". Bei glänzenden Überzügen spricht man von Schmelz, weil es wirkt, als wäre es flüssig. Bei der Schmelztemperatur zerfällt das Kristallgitter des Schnees, die Struktur wird verändert. Bei 0 °C geht der Schnee vom festen in den flüssigen Zustand über.

Im Frühjahr können wir es überall sehen: Wenn es wärmer wird, schmilzt der Schnee weg. Nur noch einige hartnäckige Reste bleiben übrig. Der Schnee ist weg! Ist er wirklich weg? Nein, natürlich nicht, er hat sich nur verändert.

„Da bin ich dahingeschmolzen". Wir sagen das beispielsweise, wenn wir verliebt sind. Starke Gefühle werden in dieser Redewendung angesprochen. „Da ist mir heiß und kalt geworden". Für viele Menschen hat dieses „Dahinschmelzen" eine ganz besondere Qualität.

Doch manchmal ist es kalt in der Welt, im Beruf, in der Familie. Vielleicht liegt das zuweilen daran, dass wir, ohne es zu merken, langsam die Temperatur gesenkt haben. Hier ein dummer Spruch, da eine zugeknallte Tür: Durch Nachlässigkeit, Lieblosigkeit, Unachtsamkeit entsteht ein frostiges Klima, eisige Kälte.

Es ist unsere Aufgabe, die Temperatur wieder zu erhöhen. Wir brauchen dazu keine große Show, es geht in kleinen Schritten. „Kann ich dir etwas helfen?“, „Du hast da etwas verloren“ oder „Kommst du mit uns mit?“ können Tauwetter ankündigen. Hilfsbereitschaft, Freundlichkeit, Verständnis, Einfühlungsvermögen heißen die Wärmeerzeuger. Die kleinen Dinge verbessern das Klima und erhöhen die Temperatur. Herzlichkeiten bringen Eisblöcke zum Schmelzen.

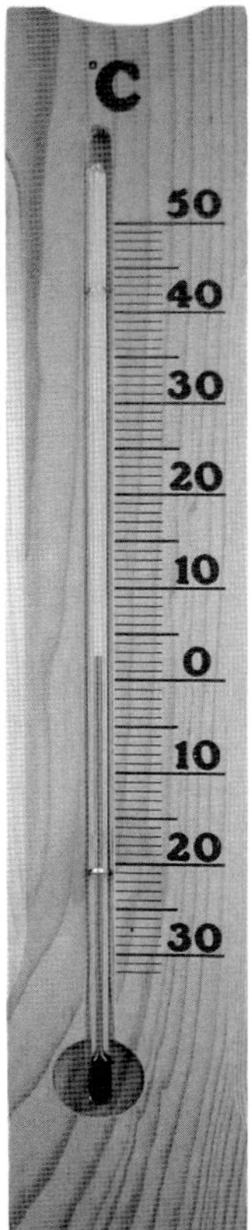

# Schraube

**Thema**
- Stimmung bzw. Miss-Stimmung
- Wohlbefinden
- Harmonie
- Beziehungen
- Konflikte

**Material**
Zur Durchführung:
- verschiedene Schrauben mit passenden Muttern

Für die Teilnehmer:
- kleine Schrauben

Eine Schraube: ein Metallstück, in das ein Gewinde geschnitten wurde, mit einem Kopf, an dem ich es mit einem entsprechenden Werkzeug – Schraubenschlüssel oder Schraubendreher – festhalten und bewegen kann. Mit dem Gewinde kann ich die Schraube in ein passendes Gegenstück hineindrehen. Dieses Gegenstück heißt Mutter. Die offizielle Bezeichnung lautet „Hohlschraube mit Innengewinde zur Aufnahme eines Schraubenbolzens“. Wie auch immer, wenn ich Schraube und Mutter ineinander drehe – vorausgesetzt, sie haben die gleiche Größe – dann entsteht dadurch eine sehr stabile Verbindung. Wenn ich die beiden Teile ineinander drehe, merke ich gleich: das passt.

Manchmal kommt es aber vor, dass eine Schraube am Gewinde beschädigt ist. Vielleicht hat jemand mit dem Hammer draufgeschlagen oder mit der Zange zu fest zugepackt. Die Mutter will nicht greifen, sie lässt sich, obwohl die Größe passt, nicht anschrauben. Ein Versuch mit Gewalt beschädigt höchstens auch noch die Mutter. „Kaputtgeschraubt“, könnte man sagen. Es gibt kein richtiges Wort dafür. „Verschraubt?“ Bei Menschen gibt es das Wort „verschroben“. Verschroben nennt man Menschen, die seltsam und wunderlich sind.

Es gibt Situationen, da merken wir sehr schnell: es passt! Wir betreten einen Raum, und schon bei der Begrüßung merken wir: es passt! Wir lernen einen Menschen kennen, und schon bei den ersten Sätzen merken wir: es passt! Andererseits meinen wir auch ziemlich schnell zu merken, wenn es nicht passt. Wir fühlen uns nicht wohl, und machen uns alle möglichen verschrobenen Gedanken. Wir fühlen uns fehl am Platz.

Ich möchte euch bitten, darauf zu achten, ob die Situationen, in denen ihr euch heute befindet, passen. Nehmt eine dieser Schrauben mit und steckt sie euch als Erinnerungshilfe in die Tasche. Vielleicht kann sie uns aufmerksam machen. Liegt es an mir, dass es nicht passt? Kann ich etwas dazu tun, dass die Situation passend wird? Ich wünsche euch, dass ihr die Harmonie fühlen könnt, wenn alle Teile des Ganzen zusammenpassen.

# Schublade

**Thema**
- Möglichkeiten
- Schubladendenken
- Ordnung
- Ordnungsraster
- Einschränkung der Sichtweise
- Urteil

**Material**
Zur Durchführung:
- Schublade

Für die Teilnehmer:
- Bilder eines Schranks mit vielen Schubladen

Schubladen befinden sich in jedem Schrank, Schreibtisch oder auch in der Küche. Man kann darin Dinge aufbewahren und Ordnung halten. Mit ein bisschen Glück kann man die Dinge dann auch wieder finden. Trotz dieses Zwecks sieht es in manchen Schubläden nicht sehr ordentlich aus. In den meisten Haushalten gibt es mindestens eine Schublade, in der großes Chaos zu herrschen scheint. Vor allem das Interesse der Kinder wird durch so eine Schublade immer wieder geweckt. Manche Schubläden tragen außen Beschriftungen, wie z. B. in der Apotheke. Nur so kann durch die notwendige Ordnung gewährleistet werden, dass keine Fehler entstehen. In einigen Schubläden finden sich spezielle Einsätze, die die Ordnung bereits vorgeben. Durch all diese Dinge soll unser Leben erleichtert werden.

Manchmal wenden wir das Schubladensystem auch auf Menschen an. Er gehört in diese Schublade, sie in eine andere. Schublade auf: Rein mit dir! Schublade zu. Es gibt viele solcher Schubläden. Auf einer steht ganz groß „Streber". Es gibt eine Schublade für die „Dummen", eine für die „Schlauen". Es gibt eine Schublade für die „Coolen", eine für die „Schüchternen", eine Schublade für die „Hübschen", eine für die „Hässlichen". Und wenn man einmal in so einer Schublade drin ist, ist es schwer, da wieder herauszukommen. Manche schaffen es ihr ganzes Leben lang nicht mehr.

Das Schubladendenken soll die Welt einfach machen. Aber die Wirklichkeit ist nun mal kompliziert. Der Schriftsteller Max Frisch hat einmal gesagt: „ ‚Du sollst dir kein Bildnis machen', heißt es von Gott. Vielleicht sollte es das auch von jedem Menschen heißen". Sich von einem Menschen ein festes Bild machen, ihn in eine Schublade stecken, aus der man ihn nicht mehr herauslässt, das schränkt das Leben dieses Menschen ein.

Achten wir heute besonders darauf, und machen wir wenigstens für einen Menschen die Schublade auf und versuchen, ihn heute ganz neu zu sehen.

# Skrupel

**Thema**
- Selbstkritik
- Gewissen
- Ethik

**Material**
Zur Durchführung:
- kleine, spitze Steinchen

Für die Teilnehmer:
- kleine, spitze Steinchen

„Du hast ja überhaupt keine Skrupel!“ hörte ich vor kurzem einen Kollegen zu mir sagen. Ich hatte mich in großer Lässigkeit über eine Anordnung hinweggesetzt, weil ich mich im Recht glaubte. „Das mache ich nicht, da habe ich Skrupel“ sagt jemand, der vor einer Handlung zurückschreckt und Bedenken trägt. Skrupel weisen auf eine Besorgnis hin. Sie sollen uns hemmen, etwas Bestimmtes zu tun. Gewissensbisse könnten denjenigen plagen, der sich über seine Bedenken hinwegsetzt.

„Scrupulus“ heißt eigentlich soviel wie „spitzes Steinchen“. Seine große Bedeutung erlangte der Skrupel als Gewicht der Apotheker. Ein Skrupel ist der vierundzwanzigste Teil einer Unze, also 28,35 Gramm. Obwohl dieses Gewicht schon lange nicht mehr gebräuchlich ist, kursiert unter Apothekern noch heute scherzhaft der Spruch: „Ein Apotheker ohne Skrupel kann nicht exakt arbeiten“.
Der Begriff „Skrupel“ ist in eigenartiger Weise negativ eingefärbt, und zwar gleich nach zwei Richtungen. Wer Skrupel hat, wird meist als überbesorgt und überängstlich eingeschätzt. Und die Frage: „Hast du etwa Skrupel?“ hat oft einen auffordernden Beigeschmack. Ein skrupelloser Geschäftsmann legt andererseits gleich alle ethischen Bedenken auf einmal beiseite.

Eine positive Sicht des Skrupels scheint es nicht zu geben. Dabei könnten die „spitzen Steinchen“, die uns auf den Wegen unseres Lebens drücken und weh tun, eine wichtige Rolle spielen. Ist es nicht manchmal durchaus angebracht,

Skrupel zu haben? Sind wir nicht manchmal in Gefahr, nur auf den eigenen Vorteil zu schauen oder uns selbst im Vordergrund zu sehen?

Kleine Steine, deren Aufgabe es ist, weh zu tun, damit wir aufmerksamer werden. Wir könnten sonst im Begriff sein, über etwas hinwegzugehen.

# Stein

**Thema**
- Belastung
- Angst
- Misstrauen
- Fundament

**Material**
Zur Durchführung:
- verschiedene Steine

Für die Teilnehmer:
- Steine

Steine in verschiedenen Größen, in verschiedenen Farben, in verschiedenen Formen. Wir finden sie auf dem Feld, auf der Straße, in Steinbrüchen oder im Garten. Steine können Pflanzen am Wachsen hindern. Schwere Steine, die wir beiseite schaffen wollen, drücken nieder. Steine bilden eine Last, sie belasten uns.

Weil schon viele Menschen sich mit Steinen plagen mussten, sind sie vermutlich zum Symbol für alle möglichen Lasten des Lebens geworden. Steine der Angst und des Misstrauens, der Resignation und Hoffnungslosigkeit, der Feigheit, Steine der Trägheit und Sattheit, des Spottes. Manche Menschen tragen einige dieser Steine mit sich herum, ohne dass dies jemand wahrnimmt.

Wir kennen auch die Redewendung „Da ist mir ein Stein vom Herzen gefallen". Schon beim Hören dieser Worte kann man die Erleichterung nachempfinden. Ein schwerer, belastender Stein wird weggenommen, wird ins Rollen gebracht durch eine gute Nachricht, ein verzeihendes Wort, einen vertrauenden Blick. Das ganze Leben fühlt sich leichter an. Die Last fällt ab.

Zugegeben, manchmal fällt uns das schwer. In einem 2000 Jahre alten Text wird von Frauen erzählt, die einen Stein wegwälzen sollen. Und genau wie diese Frauen wissen auch wir, dass der Stein sehr schwer ist. Manchmal bedürfen wir dazu fremder Hilfe und der ganzen Kraft unserer Hoffnung. Ich für meinen Teil vertraue darauf, dass es uns gelingen kann, den Stein wegzuwälzen.

Vermutlich bleibt es nicht bei einem Stein, den es wegzuwälzen gilt. Aber mit jedem Stein, den wir beiseite legen, wird die Erleichterung größer. Die Steine selbst werden dadurch aber nicht nutzlos, sie gehören zu unseren wichtigen Erfahrungen. So kann aus belastenden Steinen im Laufe des Lebens ein Fundament entstehen, das trägt und Halt gibt.

# Stempel

**Thema**
- Zeichen
- Urteil
- Individualität
- Vereinfachung
- Verallgemeinerung

**Material**
Zur Durchführung:
- verschiedene Stempel, Stempelkissen

Für die Teilnehmer:
- Stempelabdrücke auf die Hand

Stempel begegnen uns bei allen möglichen Gelegenheiten. Sie sollen die Arbeit erleichtern. Es gibt amtliche Stempel, ohne die nichts geht. Jeder Brief muss abgestempelt sein, damit er befördert wird. Viele Menschen besitzen wahrscheinlich einen Stempel mit ihrem Namen und ihrer Anschrift. Das kann eine Menge Zeit sparen. Und schon die Schulkinder bekommen den Abdruck so genannter Belohnungsstempel in ihr Heft.

Zum Stempel gehört das Stempelkissen. In die Gummifläche des Stempels ist das Negativ eingeritzt, durch die Einfärbung und das Anpressen erhält man den Abdruck des Stempels. Dies ist beliebig oft wiederholbar und sieht immer gleich aus.

In diesem Zusammenhang fällt auch der Ausdruck „jemandem einen Stempel aufdrücken". Menschen werden abgestempelt. Der Stempel wird genommen, eingefärbt und aufgedrückt. Der eine ist so, die andere so, niemand wird ausgenommen, das Urteil ist gefällt.

Das geht auch umgekehrt: Auch ich kann den Stempel aufgedrückt bekommen. Jemand kann mich nicht leiden – Stempel drauf. Ich habe einmal etwas Bestimmtes gesagt oder getan – abgestempelt.

In der Bergpredigt des Neuen Testaments lesen wir: „Richtet nicht, damit ihr nicht gerichtet werdet! Denn wie ihr richtet, so werdet ihr gerichtet werden …" (Mt 7,1f)

Das heißt doch nichts anderes, als dass wir anfangen sollten, unsere Mitmenschen mit neuen Augen zu sehen, dass wir versuchen sollten, zu verstehen, was sie bewegt und beschäftigt. Nicht pauschal abstempeln, sondern Eigenständigkeit und Individualität anerkennen, erkennen, dass kein Stempel wirklich passt, sondern, dass jeder Mensch sein eigenes Leben lebt.
Richtet nicht – stempelt nicht ab –, sondern erkennt, dass jeder Mensch eine Handschrift hat.

## Stimmung

**Thema**
- Fasching, Karneval
- gute oder schlechte Stimmung
- Harmonie
- Verschiedenheit

**Material**
Zur Durchführung:
- Ratsche, Stimmgabel, Gitarre

Für die Teilnehmer:
- Bilder einer Stimmgabel

Stimmung – das erinnert sofort an Fasching oder Karneval, je nachdem, wo man wohnt. Dabei gibt es ja Stimmung in vielen verschiedenen Lebenslagen: romantische Stimmung, gereizte Stimmung, oder einfach nur gute oder schlechte Stimmung. Der Lebenslauf des Komikers Karl Dall beginnt mit dem Satz: „Ich, Karl Bernhard Dall, bin am 1. Februar 1941 bei einer Bombenstimmung in der verträumten Kriegshafenstadt Emden zur Welt gekommen". So kann man's auch sehen. Schließlich werden manche Leute ja auch als „Stimmungskanone" bezeichnet. Was bedeutet es eigentlich, wenn jemand sagt: „Da war eine Super-Stimmung"? Da war es lustig, es gab nichts, was mich geärgert hat, es war alles in Ordnung, alles hat zusammengepasst.

Es ist so ähnlich wie bei einer Gitarre: Sie ist gut gestimmt, wenn alle Saiten zusammenpassen. Eigenartig: Nicht, wenn alle Saiten den gleichen Ton haben, sondern wenn jede Saite ihren eigenen Ton spielt, ist die Gitarre richtig gestimmt. Es geht also nicht um Gleichförmigkeit, sondern um Kombination und Ergänzung. Akkorde machen den Reiz der Musik aus. Wenn jemand, der sich nicht auskennt, daran herumdreht – das gilt für Gitarren wie für Menschen –, dann heißt das Ergebnis: verstimmt!

In guter Stimmung befinde ich mich, wenn ich selbst mit mir in Harmonie bin, wenn meine verschiedenen Seiten (Saiten) zusammenpassen, wenn ich rede, handle, nach außen zeige, was ich im Inneren fühle und denke – wenn

Inneres und Äußeres miteinander stimmig sind. Dann kann ich sagen: Jetzt stimmt es!

Versuchen wir, Unstimmigkeiten wahrzunehmen. Wir brauchen nicht darüber hinwegsehen. Manchmal gelingt es, falsche Töne umzustimmen, manchmal geht es eher darum, die passenden Begleittöne zu finden. Leisten wir heute unseren Beitrag zu einer guten Stimmung!

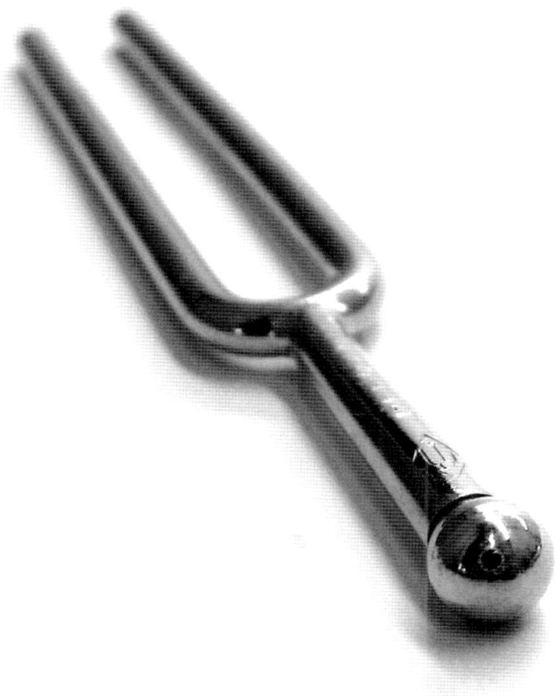

# Suchen und Finden

**Thema**
- Suche
- Suche des Lebens
- lebenslanges Suchen

**Material**
Zur Durchführung:
- Heu und Stecknadeln

Für die Teilnehmer:
- Stecknadeln

„Wer sucht, der findet!" (Lk 11,10). Das ist einer der Sätze aus der Bibel, die zum Sprichwort geworden sind. Suchen: Wie oft tun wir das! Wir suchen nach etwas, das wir verloren haben, manchmal ein anstrengender Vorgang. Die Suche dauert stundenlang, das ganze Haus wird auf den Kopf gestellt, Familienmitglieder werden in die Suche mit eingespannt, überall wird gekramt, gewühlt, bis von irgendwoher der erlösende Ruf zu hören ist: „Ich hab's!"

Suchen kann man aber auch in zeitlicher Richtung, in die Zukunft, nach vorn: Ich brauche etwas und suche etwas, das ich noch gar nicht habe, eine Idee, etwas Passendes, eine Lösung für ein Problem.

Dann gibt es noch die ganz große Suche, die meist etwas mit der Suche nach Menschen zu tun hat. Ich kenne dramatische Erzählungen von Menschen, die im Krieg, auf der Flucht oder nach einer Katastrophe nach Angehörigen suchen mussten. Manche suchen einen passenden Menschen fürs Leben oder Freunde, die wirklich welche sind …

Als Kind stellte ich mir immer vor, dass es irgendwann einmal in meinem Leben einen Zustand geben wird, in dem ich alles gefunden habe: Menschen, Problemlösungen, Ideen, Wissen, Standpunkte. Dann, so meinte ich, wäre ich „fertig" und könnte das Suchen beenden. Das stellte ich mir damals unter „Erwachsensein" vor. Heute weiß ich, dass das Suchen lebenslang zu mir gehören wird. Es gibt damit kein Ende, kein Fertigwerden.

Das Wort „Suchen“ leitet sich ab vom lateinischen „sagire“, was soviel bedeutet wie „wittern“, „spüren“ oder „führen“. Ein Hund, der die Fährte aufgenommen hat, führt die anderen. Das heißt also: Der, der sucht, ist gleichzeitig oft auch der, der andere führen kann, und keineswegs der, der vorgibt, schon gefunden zu haben und deswegen die Suche aufgegeben hat. „Finden“ dagegen heißt ursprünglich soviel wie „auf etwas treffen“, „auftreffen“, wobei das letzte Wort fast ein wenig schmerzhaft klingt. Manchmal werden wir geradezu mit der Nase auf etwas gestoßen.

Auf der Suche zu sein muss für Menschen ein Dauerzustand sein, falls sie nicht einrosten wollen. Es gilt, sich aufzumachen und nie aufzugeben, auch wenn die Suche nach der so genannten Stecknadel im Heuhaufen langwierig sein kann.

# Tankstelle

**Thema**
- Auftanken
- Atem holen
- Stress
- Erholung
- Quelle

**Material**
Zur Durchführung:
- Benzinkanister

Für die Teilnehmer:
- Traubenzucker

Der Alltag hat uns immer fest im Griff. Familie, Schule, Beruf – meistens geht es gleich am Anfang eines Tages von Null auf Hundert. Wenn das Tag für Tag so weitergeht, halten wir das vielleicht nicht durch.

So, wie ein Auto eine Tankstelle braucht, weil es ohne Benzin nicht fahren kann, so brauchen auch wir immer wieder die Möglichkeit, aufzutanken. Wenn wir nur rackern und schuften, geht uns bald die Puste aus, und das bedeutet Stillstand.

Natürlich haben wir da unterschiedliche Bedürfnisse, so wie ja auch nicht alle Motoren den gleichen Treibstoff vertragen. Und auch der Preis ist wichtig. Manchmal wird für das Auftanken einfach zuviel verlangt. „Hoffentlich schaffe ich es noch rechtzeitig zur nächsten Tankstelle". Beim Autofahren ist das ein vertrauter Gedanke. Nur bei uns selbst meinen wir häufig, wir könnten ewig weitermachen wie ein Perpetuum mobile, und übersehen, dass auch bei uns die Reserven weniger werden.

Wo tanken wir auf? Es gibt ja verschiedene Tankstellen. Vielleicht haben wir einen guten Freund oder eine gute Freundin. Vielleicht tut uns aber auch das Alleinsein gut. Vielleicht tanken wir auf, wenn wir auf einer Bank am Waldrand sitzen, oder auf einer Wiese liegen und den Wolken zuschauen, oder in einer Kirche sitzen, denn da ist man ja heutzutage meist ungestört.

Ich persönlich vertraue darauf, dass es – neben all diesen wichtigen Dingen – einen gibt, der will, dass ich vorwärts komme, dass mir nicht die Puste ausgeht, der mich zur Ruhe kommen lässt und mich dann wieder neu antreibt. Im Neuen Testament kann ich davon lesen. Jesus sagt: „Kommt alle zu mir, die ihr euch plagt und schwere Lasten zu tragen habt. Ich werde euch Ruhe verschaffen". (Mt 11,28)

# Taschentuch

**Thema**
- Tod
- Abschied
- allein sein
- Aufbruch

**Material**

Zur Durchführung:
- Taschentuch

Für die Teilnehmer:
- Kopien des unten stehenden Gedichts und je ein Papiertaschentuch

Ein Papiertaschentuch ist ein Massenprodukt, das aus unserem Alltag kaum wegzudenken ist. Es wird millionenfach verkauft. Man kann es zu allem Möglichen verwenden: Man kann sich damit schnäuzen, man kann damit etwas abwischen, es gibt Leute, die es als Lärmschutz in die Ohren stecken, oder man kann damit auch die Tränen trocknen, wenn jemand weinen muss.

Früher hat man Taschentücher auch verwendet, um damit zum Abschied zu winken. Man kennt die Szenen aus alten Filmen, in denen jemand im Zug am Fenster steht und den am Bahnsteig Zurückbleibenden so lange mit dem Taschentuch winkt, bis es mit dem davonfahrenden Zug als kleiner weißer Punkt am Horizont verschwindet. Durch das Taschentuch bleibt das Winken des Abreisenden noch sehr lange sichtbar. Der Abschied wird auf diese Weise etwas hinausgezögert, und wenigstens visuell besteht noch eine Verbindung zu den Zurückbleibenden, obwohl die Trennung schon erfolgt ist.

Abschied bedeutet Trennung, sich von einem Zustand in einen anderen zu begeben, weg von alten Lebenssituationen, die gewohnt und vertraut waren. Abschied macht vieles anders, verschieden. Unser Leben verändert sich durch jeden Abschied, und egal, auf welcher Seite wir bei der Trennung stehen, die alte, eben noch erlebte Situation passt nun nicht mehr; wir müssen uns neu zurechtfinden. Abschied tut oft weh. Abgeschieden-Sein bedeutet ja soviel wie zurückgezogen und einsam sein.

Aber kein Mensch geht ganz – ein Teil von ihm bleibt zurück, hier bei uns. Die Trennung kann mich mit Trauer und Schmerz erfüllen, und trotzdem: Will ein zum Abschied winkender Mensch, dass der andere traurig und schmerzerfüllt zurückbleibt?
An dem Zurückgebliebenen liegt es, sich zu entscheiden: In der alten, schmerzvollen Rolle als Verlassener zu verharren, oder den Abschied ernst zu nehmen, sich umzuwenden und einen ersten, vielleicht zaghaften Schritt in die neue Situation zu wagen.

Ein Gedicht von Hermann Hesse kann das vielleicht noch besser zum Ausdruck bringen.

**Stufen**

Wie jede Blüte welkt und jede Jugend
dem Alter weicht, blüht jede Lebensstufe,
blüht jede Weisheit auch und jede Tugend
zu ihrer Zeit und darf nicht ewig dauern.
Es muss das Herz bei jedem Lebensrufe
bereit zum Abschied sein und Neubeginne,
um sich in Tapferkeit und ohne Trauern
in andre, neue Bindungen zu geben.
Und jedem Anfang wohnt ein Zauber inne,
der uns beschützt und der uns hilft, zu leben.

Wir sollen heiter Raum um Raum durchschreiten,
an keinem wie an einer Heimat hängen,
der Weltgeist will nicht fesseln uns und engen,
er will uns Stuf um Stufe heben, weiten.
Kaum sind wir heimisch einem Lebenskreise
und traulich eingewohnt, so droht Erschlaffen;
nur wer bereit zu Aufbruch ist und Reise,
mag lähmender Gewöhnung sich entraffen.

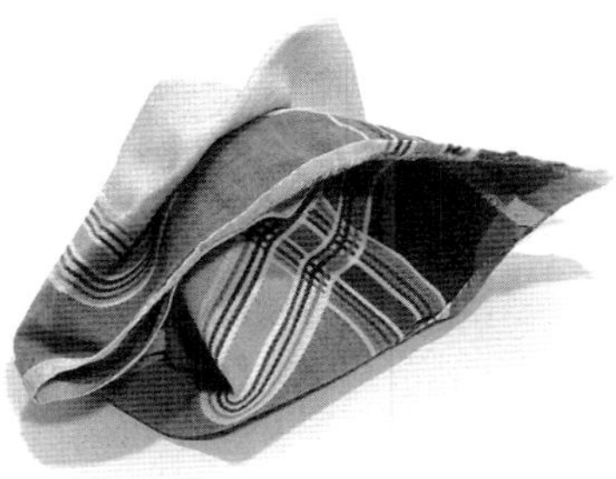

Es wird vielleicht auch noch die Todesstunde
uns neuen Räumen jung entgegensenden,
des Lebens Ruf an uns wird niemals enden …
wohlan denn, Herz, nimm Abschied und gesunde.

*Hermann Hesse*

# Teil

**Thema**
- Teilen
- Verlustangst
- Abgeben
- Gemeinschaft

**Material**
Zur Durchführung:
- Fladenbrot

Für die Teilnehmer:
- das Fladenbrot wird in Stücke geteilt

Im Wörterbuch findet sich unter dem Begriff „Teil" eine Fülle interessanter Hinweise. Der Begriff hängt mit dem englischen Wort „deal" zusammen und kommt z. B. direkt in den Wörtern „teilen", „teilbar" und „Teilung" vor. Außerdem gibt es viele Wörter, die damit indirekt in Verbindung stehen könnten, wie etwa „Urteil", „Nachteil" oder auch „Viertel".
„Teilen" meint, aus „etwas" „vieles" zu machen. Das klingt gut, bedeutet aber auch, dass jedes einzelne dieser neuen Teile weniger wird als das Ganze. Da finde ich den Gedanken nahe liegend, dass es für mich günstiger wäre, gleich alles zu behalten. Wenn ich das Ganze allein besitze, muss ich weniger Angst haben, irgendwann mit leeren Händen dazustehen und nur noch wenig zu besitzen. Unser durchaus berechtigter Gedanke der „Vor-Sorge" entsteht aus dieser Angst.

Teilen hingegen versucht, diese Angst zu vertreiben, und bringt eine völlig neue, fast schon verrückte Idee ins Spiel: Wenn ich teile, wird zwar das, was ich besitze weniger, aber die Freude durch das gemeinsame Erlebnis wird größer. Natürlich ist es schön, gut essen zu gehen. Aber die Freude ist noch größer, wenn ich mich ganz spontan mit anderen treffe, und jeder etwas zum Essen von zu Hause mitbringt. Einkaufen gehen, sich schöne Dinge aneignen, etwas besitzen, das macht ohne Frage Spaß. Aber wie wäre es, sich einmal hinzusetzen und über die lange Liste der Dinge nachzudenken, die man nicht braucht? Weggehen, Events erleben, Wochenenden in tollen „Locations" verbringen, das gehört für viele zum Leben. Aber die Freude ist noch größer, wenn ich auf ganz einfache Weise mit Freunden zusammen bin, mit ihnen rede und lache, Anteil an ihrem Leben nehme, ohne dazu großen Vorbereitungsaufwand betreiben zu müssen.

Die schönsten Erlebnisse ergeben sich nicht dadurch, dass ich mir etwas Teueres angeeignet habe. Die schönsten Erlebnisse ergeben sich dort, wo ich anderen Menschen etwas abgeben kann von meiner Zeit, von dem, was mir gehört, von meinem Leben, wo ich aus „etwas" „vieles" machen kann.

## Tellerrand

**Thema**
- eigene Begrenztheit
- über den Tellerrand hinaussehen
- den Horizont erweitern
- Anerkennen des Fremden

**Material**
Zur Durchführung:
- Teller, auf dem eine Murmel zum Rollen gebracht wird

Für die Teilnehmer:
- Randstücke eines zerschlagenen Tellers

Da rollt die Murmel im Teller! Hin und her, meist aber bewegt sie sich im Kreis. Der Rand des Tellers verhindert, dass die Murmel herausgeschleudert wird, begrenzt aber auch ihren Bewegungsspielraum. Die Murmel im Teller zeigt uns, wie es oft auch bei uns selbst zugeht. Unsere Welt ist begrenzt. Wir bewegen uns in einem bestimmten Radius und kommen nicht darüber hinaus. Wir bewegen uns in begrenzten Lebenszusammenhängen, in bestimmten kulturellen Verhältnissen, im Rahmen unserer ganz eigenen Lebensgeschichte. So, wie die Murmel sich nur im Teller bewegt, so meinen auch viele Menschen, dass ihre eigenen Verhältnisse bereits die ganze Welt darstellten. Aber auch außerhalb des Tellers existiert noch Raum. Es gibt um uns herum noch unendlich vieles zu sehen und zu bestaunen.

Ich lebe in einer ganz bestimmten, in meiner Welt. Ich bin unter bestimmten Bedingungen aufgewachsen, habe vieles gelernt – wobei sicher nicht alles nur förderlich für mich war –, ich habe Standpunkte gewonnen. In dieser Welt kenne ich mich aus, hier kenne ich die Zusammenhänge, kann die Personen einschätzen, mit denen ich es zu tun habe. Aber kann das alles sein? Es gibt Lebensentwürfe, die sich sehr stark von meinem eigenen unterscheiden, in anderen Ländern, in anderen Köpfen. Wenn ich meine, das, was sich in meinem Kopf befindet, wäre schon alles, wäre schon die ganze Welt, mache ich mich lächerlich.

Über den eigenen Tellerrand hinauszuschauen heißt, offen zu sein für das, was andere denken, heißt, zu wissen, dass es mehr gibt, heißt, zu erkennen, wie begrenzt die eigene Welt ist.

Wer bereit ist, über den eigenen Tellerrand hinauszuschauen, seinen Horizont zu erweitern, der ahnt, dass die eigene Vorstellung nur ein Bruchteil des Möglichen ist.

# Tonklumpen

**Thema**
- Formbarkeit von Dingen
- Formbarkeit der eigenen Person
- Veränderbarkeit von Situationen

**Material**
Zur Durchführung:
- Tonklumpen

Für die Teilnehmer:
- je ein Stückchen Ton

Das Material, das vor uns liegt, ist uns allen gut bekannt. Die meisten von uns haben damit – mehr oder weniger freiwillig – im Kunstunterricht Bekanntschaft gemacht. Es handelt sich um Ton, den es in unterschiedlichen Zusammensetzungen und Qualitäten gibt. Wenn wir alle an diesem Tonklotz ziehen und kneten und mit unseren Händen hineingreifen, merken wir, dass er formbar, veränderbar ist. Er sieht jetzt schon ganz anders als am Anfang aus. Wir haben auch erfahren, dass es gar nicht so einfach ist, dem Ton eine neue Form zu geben. Er ist widerspenstig, ich muss fest anpacken, um ihn zu verändern.

In der Bibel finden wir folgenden Satz: „Der Töpfer knetet mühsam den weichen Ton, um daraus Gefäße für unseren Gebrauch zu formen. Aus dem gleichen Lehm bildet er solche, die sauberen Zwecken dienen und solche für das Gegenteil, alle in der gleichen Weise, über den Gebrauch eines jeden entscheidet der Töpfer“. (Weish 15,7) Wenn der Töpfer mit seiner Arbeit beginnt, ist noch offen, wozu das zukünftige Produkt bestimmt ist.

Wenn ich morgens aufwache, weiß ich noch nicht, wie der Tag verlaufen wird. Der Tag liegt vor mir, wie ein Klumpen Ton, ohne besondere Form, ohne dass ich schon sagen könnte, was daraus wird.
Jeder Tag ist mein Tag. Ich kann ihn formen, kann kreativ sein. Aber während ich diesen Satz noch ausspreche, werde ich mir der Einschränkungen, die damit verbunden sind, bewusst. Wer versucht, daran mitzukneten? Bin ich nicht verschiedensten Einflüssen ausgesetzt, denen ich mich kaum entziehen kann?

Wo kann ich alleine formen? Wo kann ich bestimmen, was daraus wird? Wo ist dieser Tag widerspenstig, wo muss ich meine ganze Kraft zusammennehmen, um dem Tag eine andere Form zu geben?

Der Töpfer, so hörten wir, entscheidet was aus dem Ton wird. Nimm diesen Tag und forme ihn. Nimm dir heute etwas Schönes, Wichtiges, Besonderes vor.

# Türen

**Thema**
- Türen öffnen und schließen
- Clique, Gruppe
- Offenheit
- Zugang finden

**Material**
Zur Durchführung:
- die Tür des Raumes

Für die Teilnehmer:
- Bilder einer Tür

Wir haben den Raum, in dem wir uns jetzt befinden, durch die Tür betreten. Eine Tür ist eine Öffnung in der Wand, die geöffnet und geschlossen werden kann. Die meisten Türen sind mit einem Schloss versehen, damit sie nur derjenige öffnen kann, der den richtigen Schlüssel besitzt. Gäbe es keine Türen, dann wären die Räume ohne Schutz, oder sie wären unzugänglich. Es gibt Wohnungstüren, Schultüren, Praxistüren, Feuer- und Schallschutztüren. Ich kann kaum aufzählen, durch wie viele Türen ich heute schon ging.

Meistens können wir ungehindert durch Türen gehen. Manchmal wird uns auch eine Türe aufgehalten. Ist eine Tür verschlossen, dann wissen wir, dass wir keinen Zugang haben. Wir müssen unverrichteter Dinge wieder gehen. Wird die Tür aufgeschlossen, können wir den Raum betreten.

Auch wir Menschen haben „Türen", die wir öffnen oder schließen können. Unsere Mimik ist zum Beispiel eine solche „Tür". Ich kann grimmig dreinschauen, und damit die „Tür" für andere Menschen verschließen, vielleicht sogar zuschlagen. Oder meine eigene „Tür" durch ein Lächeln öffnen. Worte können zu einer „Tür" werden. Einladende Worte, die anderen Menschen zeigen: Ihr seid willkommen, tretet ein. Wenn die Worte ganz ausbleiben, kann ich andere damit vor einer eisigen Mauer des Schweigens stehen lassen. Auch Gruppen, Gemeinschaften und Cliquen besitzen unsichtbare „Türen". Bei einigen Gruppen bekomme ich das Gefühl, als hinge außen ein Schild mit der Aufschrift:

„Geschlossene Gesellschaft!“ Wenn ein solcher Kreis schon lange besteht, ist es für den Einzelnen schwer, Einlass zu finden.

Ich finde es hin und wieder sehr wichtig, meine „Tür“ schließen zu können, um nicht allen Einflüssen schutzlos ausgesetzt zu sein. Damit kann ich schmerzlichen Situationen entgehen und mich vor Menschen schützen, die es nicht gut mit mir meinen. Aber auf Dauer kann und möchte ich so nicht leben. Ich muss meine „Tür“ wenigstens ein kleines Stück öffnen, um hoffen zu dürfen, dass jemand den Mut findet, anzuklopfen.

Ich wünsche euch heute viele solcher offener „Türen“: Offene „Türen“ bei anderen Menschen und offene „Türen“ für andere Menschen. Ich wünsche euch einen „Tag der offenen Tür“!

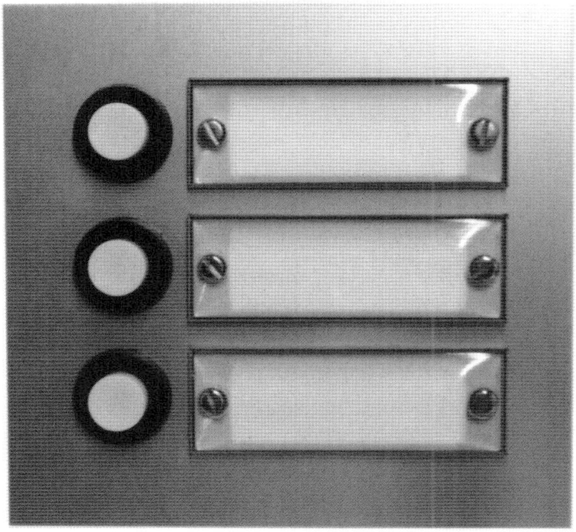

# Verbandskasten

**Thema**
- Hilfeleistung
- Verletzungen wahrnehmen
- Sozialverhalten

**Material**
Zur Durchführung:
- Verbandskasten

Für die Teilnehmer:
- Pflaster

Ein Verbandskasten ist eine wichtige Sache, eine große Hilfe bei leichten und schweren Unfällen. Wir finden darin viele nützliche Dinge: Verbandsstoff, Dreieckstücher, eine Rettungsdecke, Kompressen. Wenn wir an eine Unfallstelle kommen, sind wir verpflichtet, Hilfe zu leisten und unseren Verbandskasten zum Einsatz zu bringen. Er darf in keinem Auto fehlen. Trotzdem hofft jeder, dass er ihn nie benutzen muss.

Eigentlich bräuchten wir in vielen Bereichen unseres Lebens einen solchen „Verbandskasten“. Wir sind ja in unserem Alltag allen möglichen Gefahren ausgesetzt. Da passieren immer wieder Dinge, für die wir dann dringend einen „Verband“ oder ein „Pflaster“ bräuchten: große und kleine Verletzungen, ein unfreundliches Wort, eine verbockte Aufgabe, eine vertane Chance, Traurigkeit, Einsamkeit, Angst, wenig Selbstachtung – und das ist nur ein Teil der Verletzungen, denen wir in unserem Leben ausgesetzt sind.

Am Unfallort gibt es klare Handlungsvorschriften, die so genannten „Sofortmaßnahmen“. Aber was geschieht eigentlich bei den Verletzungen, die niemand so leicht sieht? Gibt es jemanden, der für mich, für dich da wäre und dir „Erste Hilfe“ leisten könnte? Gibt es einen Menschen, an den wir uns im Notfall vertrauensvoll wenden könnten?
Dieselbe Frage kann natürlich auch umgekehrt gestellt werden: Gibt es jemanden, von dem ihr wisst, dass er verletzt wurde, dass er leidet, jemand, für den eure Sofortmaßnahmen eine große Hilfe wären?

Ich möchte heute eine Aufforderung an euch weitergeben: Gebt euch einen Ruck und leistet „Erste Hilfe“! Ihr habt in euerem Kopf, euerem Herzen und eueren Händen alles, was für unseren „Verbandskasten“ notwendig ist. Verbindet die „Kratzer“, „Schrammen“ und „Wunden“, denn „Erste Hilfe“ verbindet! Wem könnt ihr ein „Pflaster“ aufkleben, damit es wenigstens für den Moment nicht mehr so weh tut?

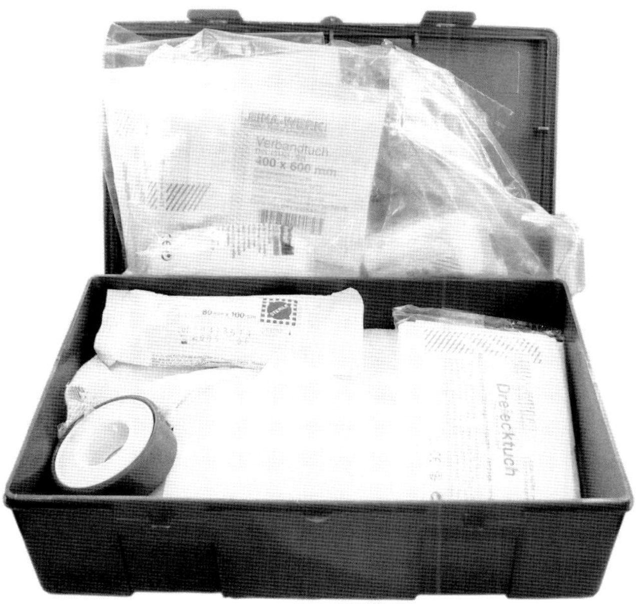

# Wecker

**Thema**
- Aufwachen
- konstruktive Kritik
- Kritikfähigkeit
- positive Entwicklung

**Material**
Zur Durchführung:
- verschiedene Wecker

Für die Teilnehmer:
- Bilder eines Weckers

Morgens um sechs: Der Wecker gibt einen Piepston von sich, der zwar nicht extrem laut ist, uns aber durch seine andauernde Wiederholung mit Sicherheit aus dem Schlaf reißt. Noch schlaftrunken, beginnen wir, mit dem Arm in Richtung Wecker zu schlagen. Irgendwann bringen wir den „Quälgeist" zum Schweigen …

Beim Aufwachen gibt es ganz unterschiedliche Typen: Die einen stehen ganz einfach auf, wenn der Wecker klingelt – ja, das soll es wirklich geben. Andere verkörpern den „Fünf-Minuten-Weckwiederholungs-Typ". Für diese Menschen ist die berühmte Alarm-Abstelltaste des Weckers eine Möglichkeit zur Verschiebung des Elends, aufstehen zu müssen. Man kann noch einmal, wenn auch kurz, weiterschlummern. Das Ganze kann sich dann ein paar Mal wiederholen, um schließlich doch in der „Komm-ich-noch-rechtzeitig?"-Panik zu enden. Manche Menschen sind so gut wie gar nicht aus dem Bett zu kriegen. Wenn der Wecker klingelt, machen sie ihn aus und schlafen einfach weiter. Wieder ein anderer Tiefschläfer-Typ hilft sich mit einem Trick: Er platziert den Wecker möglichst weit vom Bett entfernt. Um den Weckalarm zu beenden, muss er nämlich dann auch tatsächlich aufstehen. So ist er zumindest schon mal auf den Beinen. Manchmal hilft das auch wirklich.

In einem etymologischen Wörterbuch ist zu lesen, dass „wecken" soviel wie „frisch und munter machen" bedeutet. Das klingt positiv, die Realität aber ist manchmal eine andere. Dieses kleine piepsende Ding soll mich also frisch und munter machen! Merkwürdig ist auch der Bedeutungsunterschied zwischen „aufwecken“ und „aufwachen“. Von der einmal aktiven, einmal passiven Bedeutung abgesehen, wird das erstere meistens als etwas Unangenehmes betrachtet. Aber noch unangenehmer ist es, wenn man nicht aufgeweckt wird und dann verschläft!

„Verschlafen“ können wir auch in anderen Bereichen unseres Lebens. Dinge übersehen, Situationen falsch einschätzen, Vorgänge immer noch in der einen Weise beurteilen, obwohl wir längst ahnen, dass irgendetwas an unserer Einschätzung nicht stimmt. Lieber an etwas anderes denken, lieber noch einmal „umdrehen“, um dem Unvermeidlichen wenigstens für eine kurze Zeit zu entgehen. „Aufgeweckt“ zu werden wäre unangenehm, könnte uns aber die Augen öffnen.

Vielleicht treffen wir in nächster Zeit Menschen, die uns „frisch und munter machen“, die uns wach machen, wachrütteln, uns die Augen öffnen. Das kann manchmal ganz schön heftig sein – ebenso wie das wirkliche Aufwecken –, und dennoch wäre es fatal, ließe man uns einfach weiterpennen. Seien wir dankbar für die „Wachmacher“ in unserer Umgebung.

## Weltmeister

**Thema**
- Fußball-Weltmeisterschaft
- Erwartungen
- Enttäuschungen
- Perfektionismus

**Material**
Zur Durchführung:
- Pokal

Für die Teilnehmer:
- Bilder eines WM-Pokals

Pokale sind heiß umkämpft. Sie sind Siegestrophäen, die man sich durch Anstrengung, Schweiß, Training und Ausdauer verdienen muss. Sie werden an Einzelpersonen oder Mannschaften vergeben. Wer die Gegner besiegt und das letzte, entscheidende Spiel gewinnt, ist Weltmeister und hält den Pokal in Händen.

Der berühmte WM-Pokal hat eine bewegte Geschichte hinter sich: Zur ersten Fußballweltmeisterschaft 1930 wurde ein neuer Pokal geschaffen. Ein französischer Bildhauer fertigte ihn an, 35 cm hoch und 3,8 kg schwer. Er bestand aus vergoldetem Silber. Den Zweiten Weltkrieg überdauerte er in einem Schuhkarton unter einem Bett in Italien. Bei der WM in Mexiko 1970 ging der Pokal nach dem dritten Sieg dauerhaft an die Brasilianer. Später wurde er gestohlen und von den Dieben eingeschmolzen. Man musste den Pokal durch eine Kopie ersetzen. Seit 1974 gibt es einen neuen Pokal. Dieser bleibt allerdings im Besitz der FIFA. Der Weltmeister erhält den Pokal bis zur nächsten WM, gibt ihn dann zurück und erhält eine vergoldete Kopie.

Auch im normalen Leben gibt es Spiele, Kämpfe, Siege und Niederlagen. Das Leben ist in vielen Bereichen anstrengend, egal ob in Schule, Familie, Freundeskreis oder Beruf. Es geht um Erfolg, Anerkennung und Prestige, um Sieg oder Niederlage. Manchmal sind wir durchaus erfolgreich und können mit

Recht stolz auf das blicken, was wir erreicht haben. Oft erleben wir aber auch Enttäuschungen und bleiben hinter unseren Erwartungen zurück.

Von manchen Fußballspielern können wir durchaus etwas lernen, wenn es um Erfolg oder Misserfolg geht. Winfried Schäfer sagte einmal: „Man muss immer wieder aufstehen und den Kopf hochnehmen". Oder Miroslav Klose: „Wir dürfen nicht vom WM-Titel träumen, sondern nur von Spiel zu Spiel denken".

Wer alles erreichen will, kann auch große Enttäuschungen erleben. Hohe Erwartungen bringen oft Ernüchterung und Resignation. Mit aller Kraft versuchen Menschen, den Titel davonzutragen, und sind dann vor lauter Anstrengung nicht einmal mehr mit dem zweiten Platz zufrieden. Wer aber immer nur auf den Pokal hofft, der kann alles andere nur noch als Niederlage empfinden. Ich frage mich oft, ob es tatsächlich das Ziel meiner Träume sein soll, möglichst auf allen Gebieten ganz vorn dabei zu sein. Ist es da nicht viel erstrebenswerter, ohne große Sorgen und Nöte ein „ganz normales" Leben zu führen?

# Wort

**Thema**
- Zuverlässigkeit
- Spontaneität
- Verantwortung
- Vereinbarungen

**Material**
Zur Durchführung:
- Sätze des ersten Absatzes auf Papierstreifen

Für die Teilnehmer:
- Kopie des unten stehenden Gedichts

„Ich helf' dir bei deiner Arbeit“, „Ich komm' morgen mal vorbei“, „Du kannst dich auf mich verlassen“, „Ich verspreche dir ...“ Sätze, wie sie uns manchmal ganz leicht über die Lippen kommen. Sätze, aus unserem Mund gefallen, sozusagen direkt vor unsere Füße: Da liegen sie ... und jetzt?

Was wir sagen, richtet einen gewissen Anspruch an uns, es fordert uns dazu heraus, die Verantwortung dafür zu übernehmen und das Gesagte einzuhalten. Eine Redewendung nennt das „zu seinem Wort stehen“. Wir sollen stehen bleiben bei dem, was wir gesagt haben, und nicht davon abrücken, nicht so tun, als würde „das da“ nicht zu uns gehören.

Wenn wir uns die eingangs zitierten Versprechen nochmals ansehen, dann erinnern wir uns an Situationen, in denen wir gerne vor diesen Worten weggelaufen wären, manchmal schon kurz nachdem wir sie ausgesprochen haben. Und oft genug tun wir das ja auch, z.B. mit Sätzen wie: „Na ja, ich musste noch so viel tun ...“, „Ich hatte einfach keine Zeit mehr ...“, „Das hab' ich doch so gar nicht gesagt ...“ oder „Ich bin schließlich auch nur ein Mensch!“ Wir flüchten vor unserem Wort, wir bleiben nicht bei dem, was wir gesagt haben.

Wer aber zu seinem Wort steht, der verfügt über seine eigene Verantwortlichkeit und bestimmt, das zu tun, was er ausgesprochen hat. Und ganz nebenbei:

Mit jemandem zu tun zu haben, der verlässlich ist (auch wenn er vielleicht nicht fehlerlos ist), das ist natürlich sehr angenehm, weil ein solcher Mensch einschätzbar ist. Vielleicht bräuchten wir mehr Menschen, die bereit sind, sich von anderen durchschauen zu lassen, klar zu sein, zu ihrem einmal gegebenen Wort zu stehen, auch wenn das vielleicht nicht immer der bequemste Weg ist.
Vielleicht sollten wir … Nein, der Satz beginnt schon falsch. Anders: Probieren wir es eine Woche aus. Stehen wir zu dem, was wir in der kommenden Woche sagen werden und achten wir darauf, was sich dadurch verändert.

**Wir brauchen Menschen**

Wir brauchen Menschen
die nach der zehnten Enttäuschung
noch vertrauen können.

Wir brauchen Menschen,
die ein offenes Wort riskieren,
wenn andern ein Unrecht geschieht.

Wir brauchen Menschen,
die zu ihrem Wort stehen
selbst wenn dafür Nachteile drohen.

Wir brauchen Menschen,
die lieber hergeben als kassieren.

Wir brauchen Menschen,
deren Ja ein Ja ist
und deren Nein ein Nein ist.

Wir brauchen Menschen,
deren Hoffnung andere trägt
und zum Leben erweckt.

Wir brauchen Menschen,
damit die Zukunft menschlicher wird
als die Vergangenheit.

*Josef Dirnbeck / Martin Gutl*

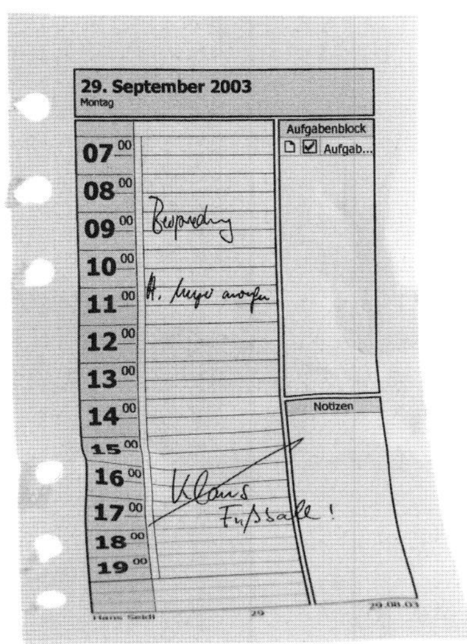

# Wunderkerze

**Thema**
- Erlebnis
- Erinnerung
- Leben ist mehr
- Empfindung – Erklärung

**Material**
Zur Durchführung:
- Wunderkerzen in verschiedenen Größen

Für die Teilnehmer:
- Wunderkerzen

Wunderkerzen, das „Feuerwerk der kleinen Leute", gibt es schon seit langer Zeit. Sie bestehen im Wesentlichen aus Bariumnitrat, Eisenpulver und Stärke. Der daraus gewonnene Pulverbrei wird auf einem Kupferdraht angebracht. Man kann Wunderkerzen sogar selbst herstellen. Im Internet findet man dazu geeignete Anleitungen.

Wenn Wunderkerzen brennen, dann sieht das einfach wunderschön aus. Bei Rockkonzerten kommen sie deswegen oft bei stimmungsvollen Balladen zum Einsatz. An kalten und dunklen Wintertagen bringt das Abbrennen von Wunderkerzen Kinderaugen zum Leuchten.

Eine Frau erzählte mir aus ihrer Kindheit. Immer, wenn ihr Vater, ein Waldarbeiter, die Säge schliff, sammelte sie die Eisenspäne und ließ sie in eine Kerzenflamme rieseln. So entstanden ihre ganz persönlichen Wunderkerzen. Das Gefühl, das mit diesem Erlebnis verbunden ist, hatte sie als Erwachsene auch Jahrzehnte später noch nicht vergessen.
Wunderkerzen sind wie ein Strahlen in der Dunkelheit. Ein kleiner hell glühender Mittelpunkt, der langsam weiterwandert und von dem viele kleine Sterne ausgehen. Das Geräusch und den Geruch, den Wunderkerzen verursachen, kann niemand, der das als Kind erlebt hat, mehr vergessen.

Bariumnitrat, Eisenpulver und Stärke sind die chemischen Bestandteile – mehr nicht. Aber damit lässt sich das Erlebnis nicht beschreiben. Das Strahlen in der Dunkelheit berührt unsere Seele. Dieses Erlebnis lässt sich nicht berechnen oder auf eine Formel bringen.

So ist es mit vielen anderen Dingen in unserem Leben: Freundschaft, Liebe, Vertrauen, Geborgenheit. Neuerdings gibt es – wieder einmal – Wissenschaftler, die diese wichtigsten Verbindungslinien unseres Lebens durch chemische oder gehirnphysiologische Vorgänge erklären möchten. Man sucht nach einfachen Formeln für zutiefst menschliche Phänomene, die sich letztlich jeder Erklärung entziehen. Und genauso, wie Bariumnitrat ziemlich wenig über leuchtende Kinderaugen aussagt, lassen sich Freundschaft und Vertrauen nicht erklären, nicht einfangen, nicht in den Griff bekommen – sie sind einfach unbeschreiblich schön.

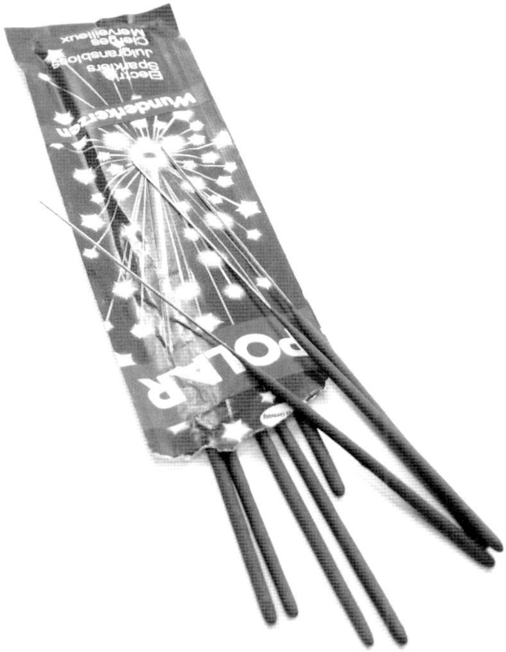

## Wurzel

**Thema**
- meine Wurzeln
- Familie
- Herkunft
- Halt
- Energie
- Orientierung

**Material**
Zur Durchführung:
- Wurzel

Für die Teilnehmer:
- kleine Stücke der Wurzel

Wir sehen eine Wurzel. Die Wurzel versorgt den Baum mit Wasser und Nährstoffen. Manche Bäume strengen sich beim Wachsen unglaublich stark an, und ihre Wurzeln führen in alle möglichen Richtungen. Wenn die Wurzeln es schaffen, in Erdschichten vorzudringen, die feucht sind und Wasser führen, dann kann der Baum leben, und nichts wirft ihn so schnell um. Eine tief gehende Wurzel verleiht dem Baum einen festen Halt, damit er nicht gleich beim ersten Sturm umfällt. Es ist sehr schweißtreibend, manchmal sogar unmöglich, einen gut verwurzelten Baum aus der Erde zu entfernen. An der Oberfläche ist nur der Baum mit seinem Stamm, den Ästen und Blättern zu sehen. Das „Organ", das den Baum mit Energie versorgt, das ihn leben lässt und hält, liegt im Verborgenen unter der Erde.

Wo habe ich meine Wurzeln? Was lässt mich verwurzelt sein? Woher beziehe ich meine Orientierung, die Nährstoffe für mein geistiges Wachstum? Was sind das überhaupt für Nährstoffe, nach denen ich suche und die ich zum Leben brauche?
Was gibt mir Halt? Was lässt mich Stürme überstehen? Sind meine Wurzeln nur oberflächlich angelegt? Wirft mich ein Problem gleich aus der Bahn, weil meine Wurzeln zu kurz sind?

Vielleicht kann ich daran arbeiten, mich anstrengen wie ein Baum und meine Wurzeln weiter in die Tiefe wachsen lassen, möglichst noch vor dem ersten großen Sturm. Meine Wurzeln sollen Halt finden. Vielleicht spüre ich, dass Freunde und Familie dabei eine wichtige Rolle spielen.

Sorgen wir dafür, dass sich nicht nur das Sichtbare weiterentwickelt, sondern auch das Verborgene. Lassen wir nicht nur Blätter wachsen, sondern auch Wurzeln.

# Stichwortverzeichnis

# Quellennachweis

S. 25: Erich Fried, Kleines Beispiel, aus: Das Nahe suchen
© by Verlag Klaus Wagenbach, Berlin 1982

S. 49: Dietrich Bonhoeffer, Von guten Mächten, aus:
Widerstand und Ergebung, 1978,
© by Gütersloher Verlagshaus, Gütersloh,
in der Verlagsgruppe Random House GmbH, München

S. 94: Karl Bernhard Dall, Ich, Karl Bernhard Dall, bin am..., aus:
Insterburg & Co., Gedichte, aus dem Handgelenk geschüttelt und aufgelesen,
3. Aufl. 1971
© by Verlag Gerhard Rautenberg, Leer

S. 101: Hermann Hesse, Stufen, aus:
Hermann Hesse, Sämtliche Werke, Band 10: Die Gedichte
© by Suhrkamp Verlag Frankfurt am Main 2002

S. 117: Martin Gutl / Josef Dirnbeck, Wir brauchen Menschen
Martin Gutl © Bildungshaus Mariatrost, Karl Mittlinger

# Fantasiereisen

Rosi Mittermeier
**Biblische Fantasiereisen**
für Kinder und Jugendliche

96 Seiten, kartoniert, Fotos und Grafiken
ISBN-13 978-3-7698-1539-9
ISBN-10 3-7698-1539-4

22 Fantasiereisen zu biblischen Motiven für Kinder und Jugendliche ab 10 Jahren. Mit Hinweisen zur Vorbereitung, einleitenden Übungen zu Körperhaltung und Atmung, Ideen zur sinnvollen Vor- und Nacharbeit.

Stefan Adams
**Neue Fantasiereisen**
Entspannende Übungen für Jugendarbeit und Erwachsenenbildung

168 Seiten, kartoniert
ISBN-13 978-3-7698-1451-4
ISBN-10 3-7698-1451-7

40 originelle Fantasiereisen als Methode zur Entspannung und zur Steigerung der Konzentration. Sie können auch eingesetzt werden, um die Teilnehmer gezielt an bestimmte Themen heranzuführen.